머리 회전이
빠른 사람의
대화법

머리 회전이 빠른 사람의 대화법

오카다 도시오 지음 | 강성욱 옮김

밀라그로

머리말

'최강의 대화법'이란 무엇일까?

서점에 가면 말하는 법(화술)에 관한 책이 많이 있다.

잡지를 보면 '말하는 법 교실' 안내, 인터넷에서 검색을 하면 방대한 양의 관련 사이트를 찾을 수 있다.

비즈니스 잡지에서도 '경이의 프레젠테이션 방법'이라든가 '스티브 잡스의 스피치는 왜 마음에 와 닿는가?'라고 하는 특집이 사람들의 마음을 사로잡는다.

'역시 말하는 법이 서툴면 손해다!'

'한 나라의 대통령이라고 해도 말하는 법이 서툴면 인기가 떨어진다.'

'지금 세상은 내용보다 '말하는 법'의 시대이다…….'

이렇게 생각해서 이 책을 집어든 사람들이 많을 것이다.

아니면 무엇보다 '머리 회전이 빠른 사람'이라는 문구가 눈에 띄었기 때문이거나, 최근에 나의 동향에 주목하고 있던 사람도 있을지 모르겠다.

단 다음과 같이 생각하고 있는 사람은 그만 책을 내려놓는 편이 좋을 듯하다. 왜냐하면 자기규제를 한다고 해도, 본서에서 전하고자 하는 방법, 경우에 따라서는 당신의 욕망을 너무나 손쉽게 채워줄 위험한 책이 될 수 있기 때문이다.

- **어떻게든 말로 이겨서 상대의 입을 다물게 하고 싶다**
- **무리를 해서라도 내 의견을 관철하고 싶다**
- **속여서라도 물건을 팔고 싶다**
- **거짓말을 해서라도 인기 있는 사람이 되고 싶다**

어떤가? 이렇게 생각하지 않았는가?

아니면 아주 조금이라도 이런 생각을 가지고 있지 않았는가? 뭐, 어쩔 수 없는 일이다. 사용법은 당신에게 맡길 수밖에 없을 테지만, 아마 괜찮을 듯하다.

이대로 끝까지 계속 읽어가다 보면 그런 부끄러운 생각을 만족시키는 일보다 훨씬 더 가치 있는 것을 얻을 수 있다고 약속한다.

■ 이 책을 읽으면 다른 화술 책은 부교재밖에 되지 않는다

애초에 왜 그렇게 많은 사람들이 '말하는 법을 배우고 싶어' 하는지 조금 이상한 생각이 들지 않았는가?

'왜 중 · 고등학교 6년 동안 영어를 배워도 회화 한 마디도 하지 못할까?'라며 영어교육을 비난하는 말은 너무 많이 들어 식상하기까지 한다.

그렇다면 6년은커녕 몇십 년이나 모국어를 사용해 왔음에도 '말하는 법'을 배우지 않으면 안 되는 점도 곰곰이 생각해 보면 너무나 이상한 일이다.

획일적으로 '말하는 법'이라고 표현하지만, '영업 화술을 배우고 싶다.', '사람들에게 호감을 주는 말하는 법을 배우고 싶다.', '잡담의 능력을 키우고 싶다.', '많은 사람들 앞에서 당당하게 말을 하고 싶다.' 등등 사람들의 요구는 세분화되어 있기 때문에 그만큼 배우지 않으면 안 되는 것들이 많다고 할 수 있다.

그러나 영업사원이 영업 화술을 배웠다고 해도 영업 이외의 경우에는 통용되지 않는다. 화술의 방법이나 내용도 시간이 지남에 따라 점점 약화되는 현상은 피할 수 없다. 그래서 또다시 새로운 화술 책을 사지 않으면 안 된다.

사람들에게 호감을 주는 말하는 법을 배워도 그것을 실용적으로

발휘하는 일은 어려운 일이다. 이성 아니면 상사나 부하가 대상인지, 같은 세대 또는 돈이 많은 사람인지, 화를 잘 내는 사람이 대상인지에 따라 각각 다른 방법이 필요한데 대부분의 책에서는 일괄적이고 획일적으로 다룰 뿐이다.

그래서 독자는 '뭐야, 아무 소용도 없잖아.' 하고 또다시 새로운 화술 책을 찾는다.

나중에 언급하겠지만 지금 나는 강연이나 수업, TV나 생방송 등에서 나름대로 말을 잘한다. 하지만 예전에는 너무나 꿀불견이었다.

그래서 나도 '강연에서 말하는 법', 'TV에서 말하는 법', '생방송에서 말하는 법', '학생과 대화하는 법', '이성과 대화하는 법' 등등 끊임없이 말하는 법을 배우지 않으면 안 되는 상황이었다.

핵심은 시간 · 장소 · 상대가 바뀌면 학습했던 말하는 법이 순식간에 통용되지 않는다는 점이다.

그럼 어떻게 하면 될까?

그 힌트가 바로 본서에서 전하고자 하는 2가지 방법이다.

① '유니버설 토크'

② '전투사고력'

나는 이것을 체계화해가는 과정에서 말하는 능력이 상당히 향상되었다. 조금 자랑을 늘어놓자면 이 책을 읽으면 더 이상 화술 책은 사지 않아도 된다. 부교재로 삼고자 한다면 다른 화술 책도 충분히 활용할 수 있으니 말이다.

■ '말하는 법'에 대한 인식을 바꾸다!

이 책에서 전하는 말하는 법의 방법은 분명 어느 누구도 들어본 적 없는 내용임에 틀림없다.

조금 설명을 하자면 서점에 진열되어 있는 '화술 책'은 대부분 테크닉에 편중되어 있음에 비해 본서는 그 테크닉을 활용하기 위한 기반을 배우는 일에서부터 시작한다. 그리고 상대나 자신의 입장을 논리적으로 설명하는 힘, 또 상황이나 장면에 따라 이야기를 만들어내는 출력 · 입력의 조정에 대해 철저하게 설명해 나간다.

제1장에서는 누구에게나 통하는 말하는 법 · 전달법의 기초가 되는 '유니버설 토크'라고 하는 방법 개념을 전달한다.

이것을 이해하지 않으면 아무리 노력해도 결국에는 말하는 법에 대한 공부는 무의미하게 끝나버린다.

제2장에서는 유니버설 토크를 사용한 타인과의 관계나 대답의 도출 방법에 대해 설명한다.

누구에게나 통하는 말하는 법 · 전달법을 통해 누구나 공감할 수 있는 집합지(集合知)를 쌓아가는 과정을 보여준다.

제3장에서는 유니버설 토크의 엔진이 되는 '전투사고력'이라는 개념을 소개한다.

본서의 주제인『머리 회전이 빠른 사람이 말하는 법』의 비밀과 직결되는 내용이다.

제4장에서는 유니버설 토크와 전투사고력을 융합시킨 창조적인 대화법을 전달한다.

제5장에서는 머리 회전의 스피드를 자유자재로 컨트롤하는 데 필요한 훈련에 대해 설명한다.

이것을 다 배우면 당신의 '말하는 능력'은 다른 사람보다 한두 단계 향상될 것임을 보증한다.

일단 이 책의 가치에 대해서는 이 정도로 접겠다.

이 책을 읽으면 당신의 '말하는 법'에 대한 인식은 크게 바뀔 것이다.

contents

제2장. 왜 사람들은 당신의 의견에 공감하지 못할까?
'유니버설 토크'의 공감대와 재구축

제3장. '대화법'을 무기로 만든다
'전투사고력'의 기어 개념

제4장. 최적의 해법을 찾아내는 대화법
‘유니버설 토크’× ‘전투사고력’

제5장. 머리 회전을 가속화 하는 레슨
사고의 무도 '전투사고력'의 면허 전수

제1장

왜 당신의 말은 전해지지 않는 걸까

누구에게나 통하는 '유니버설 토크' 사고법

유니버설 토크란 무엇일까

'유니버설 디자인'이란 말을 알고 있는가?

예전의 자동차는 각 나라의 자동차 회사마다 디자인이 제각각이었다. 차체는 물론 방향 지시기나 와이퍼 스위치, 페달의 배치 등도 완전히 달랐다. 핸들 위치는 똑같았지만 익숙하지 않은 차를 타면 운전하는 데 무척 애를 먹었다.

일본차를 타던 사람이 미국차를 탄 후 방향 지시기를 켜려다 와이퍼 액이 나와서 깜짝 놀라는 등 재미있는 에피소드가 많았다.

하지만 지금은 오른쪽 핸들과 왼쪽 핸들의 차이는 있지만 외국에서 렌터카를 빌려서 운전을 해도 별다른 지장이 없다. 세계 각국 자동차의 기능이 똑같이 통일되어 있기 때문이다.

가위나 드라이버, 또는 부엌칼의 경우에도 예전에는 사용법이 제각각이었다. 그러나 지금은 어른이나 아이, 남녀 불문하고 대체로 같은 힘을 가해서 사용하는 가위나 드라이버, 부엌칼로 통일되어 있다.

이렇게 누구나 사용할 수 있는 공통된 디자인을 '유니버설 디자인'이라고 한다.

내가 가장 먼저 전하고자 하는 것은 말하는 법 · 전달법에 관한 유니버설 디자인, '유니버설 토크'라는 개념이다.

'유니버설 토크'라는 것은 인터넷에서 검색해도 나오지 않는다. 내가 실천 · 개발한 '스마트 노트(매일 2페이지씩 쓰기만 하면 천재가 될 수 있는 노트술, 『천재로 만들어주는 스마트 노트』 문예춘추 출간)' 또는 '레코딩 다이어트(매일 섭취하는 음식과 칼로리를 기록함으로써 살을 빼는 다이어트 방법, 『언제까지나 돼지라고 생각하지 마』 신쵸사 출간)'와 같이 내가 생각해낸 조어이다.

'일반적, 보편적, 세계적'이라는 의미의 '유니버설'과 '대화'라는 의미의 '토크'를 합성해서 만들었다.

'유니버설 디자인'이 누구나 사용할 수 있는 디자인이라고 하면 '유니버설 토크'는 '누구에게나 통하는 말하는 법 · 전달법'이라는 뜻이다.

왜 학생들은 선생님의 말을 듣지 않는 걸까

그럼 '누구에게나 통하는 말하는 법 · 전달법'이 가장 필요한 직업은 무엇일까?

아마도 그중의 하나가 학교 선생님일 것이다. 천재처럼 머리가 좋은 학생이 있는가 하면 말썽을 피우는 문제 학생도 있는 반에서 학생 모두에게 통하는 말하는 법 · 전달법을 쓰지 않으면 안 되기 때문이다.

내 강연을 들으러 오시는 분은 학생의 입장인 동시에 고객이다. 돈을 지불하면서까지 강의를 들으러 오는 것이기 때문에 열의를 가지고 열심히 내 말을 듣는다.

그런데 대학교, 고등학교, 중학교의 경우는 돈을 지불하는 사람은 보호자이지 학생 본인이 아니다.

따라서 '돈을 지불했으니 듣지 않으면 손해다.', '나에게 도움이 되니 듣지 않으면 손해다.'라고 생각하지 않는다.

학창시절을 떠올려 보자. 마음속으로 '들어주길 바라지? 들어줄까? 어떻게 할까?' 하며 항상 선생님의 말을 평가하는 태도로 수업에 임했을 것이다.

그리고 선생님의 말이 충분히 가치가 있거나, 재미있거나, 어느 정도의 궤도에 오른 지점에서 비로소 '들어도 괜찮겠군.' 하는 마음이 생긴다.

가령 그 학생에게 어떤 선생님에 대한 평가가 100점 만점에 80점이면 '들어도 괜찮겠군.'이라고 생각한다. 그렇지만 60점 선생님이라면 정면을 바라보지 않고 몸을 비틀거나 턱을 괴고서 듣게 된다. 따라서 교실이라는 공간은 자세가 흐트러지는 것이다. '발을 쭉 편 자세라면 들어줄 수도 있다.' 혹은 '교실에는 들어가지만 수업은 듣지 않겠다.'라고 생각하게 된다.

더 나아가 '들어주었으니 뭔가 나한테 좋은 걸 줘야 한다.'라고 생각한다. 가령 점수나 이름을 기억하거나 다른 사람과 다른 대우를 바라거나, 무엇이든 좋으니 어떤 대가를 지불하기를 요구하게 된다.

이것은 모든 아이들이 자신의 이익에 따라 움직이기 때문이다.

이렇듯 학생들은 자신의 마음속으로 선생님을 평가하고 그 점수에 따라 태도가 달라진다. 여담이지만 그 결과, 학생들의 머릿속으로 들어오는 분량에도 차이가 생긴다.

나는 이런 관계를 체험한 적이 있다. 듣고 싶어서 듣는 것이 아니라 '어쩔 수 없군. 부모가 계약을 했으니 들어주는 수밖에.'라는 태도를 가진 집단을 앞에 두고 '어떻게 이 녀석들에게 내 이야기를 듣게 만들지.' 하고 고민을 해야 했다.

그 힌트가 되는 것이 지금부터 전달하고자 하는 유니버설 토크이다.

말주변이 없는 것은 마음만의 문제가 아니다

'누구에게나 통하는 말하는 법 · 전달법'이라고 말해도 아무런 이미지도 떠오르지 않을 수 있다. 그래서 내가 '유니버설 토크'라고 하는 개념을 발견한 계기부터 이야기하도록 하겠다.

대학에서 교수로 강의를 시작한 것은 42~43세 무렵이었다. 그때까지 사람들 앞에서 말을 할 기회는 거의 없었다.

어쩌다 강연을 부탁받는 경우가 있었는데 당연히 침착하고 당당하게 말을 할 수 없었다. 산더미처럼 강연 노트를 준비해서 사람들이 재미없어 해도 빠른 말투로 열심히 말을 했다. 도저히 유니버설이라고 할 수 없는 초보였다.

그렇다고 딱히 말하는 것을 싫어하거나, 사람들 앞에서 말하는 것이 싫었느냐 하면 그렇지도 않았다. 분명 안심하고 말할 수 있었던 적도 있었다.

많은 사람들이 그렇듯 동료들과 있을 때가 그렇다. 또 나와 같이 SF소설이나 SF 만화, SF 만화영화를 좋아하는 네다섯 명이 모인 경우에도 마찬가지다.

이런 모임에서는 친구나 지인이 없어도 안심하고 물을 만난 고기처럼 즐겁게 말을 할 수 있었다.

그런데 4~5명의 그룹이라면 얼마든지 말을 잘할 수 있는데, 똑같이 SF나 만화 마니아가 100명 정도만 모이면 무엇 때문인지 제대로 말도 못 하고 초조해지는지, 나는 계속 의아해했다.

분명 자신을 향하는 사람들의 시선이 많으면 많을수록 누구라도 긴장해서 말이 제대로 나오지 않기 마련이다. 내 경우는 그러했다.

그럼 단순히 그런 장소에 익숙해지거나 무슨 일에도 동요하지 않는 강한 마음을 지니면 해결될까?

물론 이것도 말을 잘하기 위해서는 필요한 요소이다.(49페이지 참고)

그러나 말하는 법이나 전달하는 법이 혼란스러워지는, 더 근본적인 원인이 있지 않을까라고 생각했다.

나에게 있어 그것은 '조금이라도 '아닌가?' 하고 느끼게 하는 존재'였다.

말하고 싶어지지 않는 근본적인 원인 〈'친구의 방에 난입하는 부모' 현상〉

나의 경우, 조금이라도 '아닌가?' 하고 느끼게 하는 존재는 여성이었다.

가령, 남성 4~5명이 말을 하고 있을 때, 거기에 여성이 1명이라도 들어오면 내 대화의 페이스가 흐트러져버린다. 이것은 남성적으로 여성성(女性性)을 의식하는 레벨의 위화감이 아니다.

말하자면 친구의 방에서 놀고 있을 때, 갑자기 친구의 부모님이 방에 들어와서 대화에 끼어드는 것과 같은 불편함이다. '아, 왠지 말하기 거북하다.'라고 하는 벽을 느낀다.

마찬가지로 10명 정도의 그룹에서 말을 하고 있을 때, 그중 한두 명이 여성이면 '심심하지 않을까.', '무슨 말을 하는지 모르지 않을까.' 하고 신경이 쓰이기 시작해서 점점 말하는 내용이 겉돌게 된다.

아마 누구라도 그렇겠지만, 가족이나 친구나 가까운 동료끼리 이야기를 하는 것은 간단한 일이고 마음도 가볍다. 내 주장도 어느 정도 잘 전달된다.

그러나 나에 대해 잘 모르는 사람이나 처음 대면한 사람에게 말을 할 때는 '무슨 말을 하면 좋을지', '어느 선까지 말을 하면 좋을지', '어떤 말투를 써야 할지' 이런저런 망설임이 생긴다. 상대와의 거리감을 가늠할 수 없어서 이야기를 하는 것이 어려워진다.

이 근본적인 문제를 극복하지 않으면 아무리 대화의 테크닉을 배운다 해도 결국에는 아무런 도움이 되지 않는다.

뛰어난 전달력과 뛰어난 수용력의 관계

왜 가까운 사람과는 말을 잘하는데 그 외의 사람과는 제대로 대화를 나누지 못한다고 생각하는가? 당연한 일이라고 말할 수도 있지만, 여기에서는 논리적으로 생각해 보도록 하겠다.

다음의 포지셔닝 맵을 보자.(그림 1)

상하의 벡터의 위쪽은 '잘 전달하는 사람', 아래쪽은 '잘 전달하지 못하는 사람'이 아니라 '잘 들어주는 사람'이다. '잘 전달하는 사람'

을 출력, '잘 들어주는 사람'을 입력이라고 바꿔도 좋다.

내가 이 책에서 독자에게 전하려 하는 것의 70% 정도는 출력이다. 마찬가지로 독자도 이런 요구 때문에 책을 구입한 것이지 결코 입력 때문이 아닐 것이다.

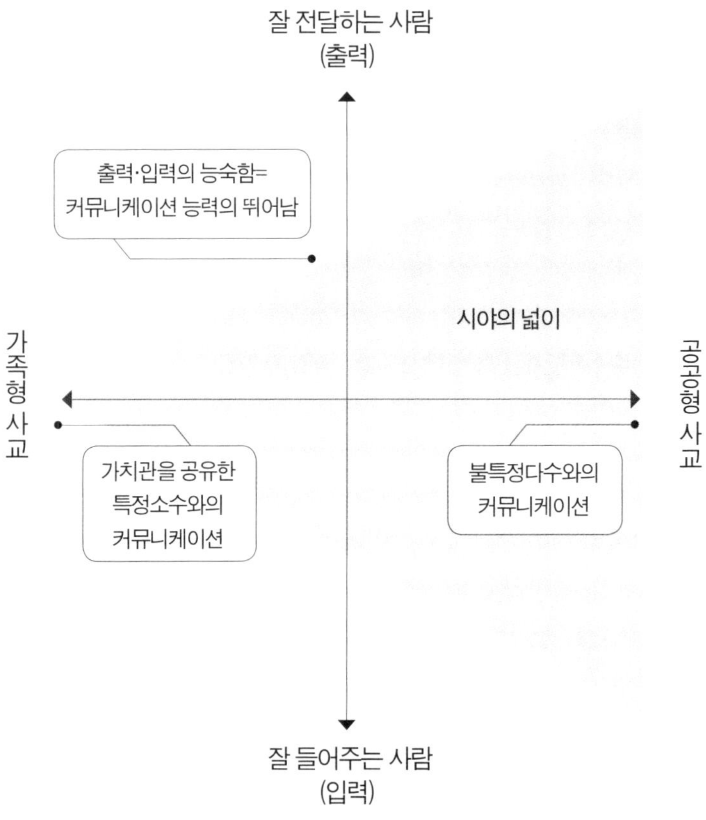

그림 1 유니버설 토크를 이해하기 위한 포지셔닝 맵

참고로 내 경험상 말하면, 이 출력 · 입력은 동시에 늘어나는 경우도 있지만 대부분의 경우는 한쪽이 늘어나면 다른 한쪽은 줄어든다.

즉 다른 사람의 말을 잘 이해하려는 사람은 아무래도 자신의 생각을 전달하는 것은 서툴게 된다. 한편 자신의 생각을 전달하는 것이 능숙해질수록 다른 사람의 마음이나 말은 알아듣기 어려워진다. 이제부터 이것을 트레이드 관계와 같은 것이라고 생각해주었으면 한다.

커뮤니케이션이 뛰어나다는 것은 이 출력 · 입력의 컨트롤이 뛰어나다는 것이기도 한다.

즉 어떤 때는 출력하는 쪽에 서고, 어떤 때는 입력하는 쪽에 서도록 컨트롤한다.(제3장 이후에서 머리 회전력에 대해서 구체적으로 설명하겠지만, 이 출력 · 입력의 컨트롤에 필요한 것이 '전투사고력'이라는 방법이다.)

물론 이것이 이상적이지만 모든 경우에 있어 테크닉이 향상되지는 않는다.

말하는 법, 전달법을 배우고 싶어 하는 사람들 중 대부분은 어느 쪽인가 하면 잘 들어주는 쪽이라고 할 수 있다. 따라서 본서에서는 입력 테크닉보다 출력에 중점을 두도록 하겠다.

이점을 염두에 두고 다시 좌우의 벡터에 대해서 생각해 보자.

가족형 사교와 공공형 사교의 관계
〈학생들은 자신이 무엇을 말하고 있는지 잘 알지 못한다〉

좌우의 벡터는 오른쪽 방향이 '공공형 사교', 왼쪽 방향이 '가족형 사교'이다.

공공형 사교는 불특정다수를 향한 것, 가족형 사교는 가치관을 공유한 특정소수를 향한 것이라고 생각하자.

이 벡터의 방향이 동료에게는 말을 할 수 있는데 반해 많은 사람들 앞에서는 말을 할 수 없게 되는 원인을 규명하는 핵심이다.

전자에서 설명한 학교의 경우로 돌아가 보겠다. 학생은 선생님을 평가해서 이야기를 듣거나 듣지 않는다고 설명했는데, 반대로 학생의 이야기는 어느 정도의 레벨이라고 생각하는가?

내가 대학교에서 강의를 하던 시절, 학생에게 "내게 자네의 생각을 이야기해 보게."라고 말하자 쾌활한 학생이나 성격이 밝은 학생은 내게 와서 이야기를 해주었다. 그런데 그 학생들의 이야기는 좀처럼 알아듣기가 어려웠다.

나는 15년 정도 1~2학년을 대상으로 강의를 했다. 그래서 18~20세 정도의 남녀와의 대화는 보통 사람들보다 익숙하다고 자부하고 있었지만 그런 나조차도 최근에는 물론 예전부터 계속 학생들의 말은 아무리 들어도 무슨 말을 하고 있는지 잘 이해할 수가 없었다.

물론 같은 모국어를 사용하기 때문에 단편적인 부분은 알 수 있다. 어제 도서관에 가서 조사를 했다든가, 리포트 제출기한이 임박했다든가. 그러나 전체적으로 듣고 있을 때는 말의 중심이 되는 의미나 줄거리를 모르겠다. '결론적으로 자네는 무슨 말을 하고 싶은 건가?', '그래서 내게 어떤 의견을 구하는 건가?'라고 묻고 싶어진다.

대체 왜 이런 것일까?

나는 포지셔닝 맵에서 말한 공공형 사교와 가족형 사교 사이의 공간의 뒤틀림이 서로의 의견 소통을 방해하고 있다고 생각한다.

존경과 친애를 담은 '반말' 〈공간의 뒤틀림이란?〉

'공공형 사교와 가족형 사교 사이의 공간의 뒤틀림'이라고 말하면 추상적이어서 무슨 말인지 알 수 없을 테니 구체적인 사례를 들어 설명하겠다.

평소 사회인들은 손윗사람이나 존경하는 인물, 처음 만난 사람, 비즈니스 상대에게 경어를 사용한다. 이는 공공형 사교의 상식이다. 경어를 사용하지 않는 경우는 가족이나 친구, 그리고 직장의 후배 정도다.

그런데 학생들은 친해지면 그들의 말을 빌리자면 '다메고(대화 상대가 아무리 나이가 많아도 친구처럼 편하게 이야기를 하는 것을 뜻하는 유행어.)'를 사용한다. 학교 선생님은 물론이고 존경심을 품고 있는 사람에게는 다메고를 사용한다.

"선생님, 수고했어요. 내일 봐요!"

"정말요? 선생님 인기 정말 많네요."

이런 식이다.

한편 말도 듣기 싫은 선생님에 대해서는 동료라고 생각하지 않기 때문에 경어를 사용한다.

"그렇습니까? 주의하겠습니다."

"잘 모르겠습니다. 이만 실례하겠습니다."

이렇게 거절의사를 담은 말투로 대한다.

경어와 다메고의 구분이 보통의 성인들과는 정반대이다.

학생이라고 하는 가족형 사교에서는 '선생님은 존경의 대상이기 때문에 경어를 사용해야 한다. 다메고를 사용하면 안 된다.'라고 하는 이런 상식이 없다.

이런 경우 로마에 가면 로마의 법에 따르라는 말처럼, 학생들과 커뮤니케이션을 하고 싶다면 다메고로 대하면 기쁜 표정으로 다메고로 대답하는 것이 정답이다. 그것이 학생들의 가족형 사교 공간이기 때문에 화를 내거나 탄식을 해도 아무 소용이 없다.

가족형 사교는 천차만별이다. 예를 들어, 어느 천혜의 비경 속에서 살고 있는 부족은 훈제 쥐를 선물로 가지고 가면 환영을 하면서 함께 먹은 후에야 비로소 일원으로 인정한다고 한다. 이런 부족에게 인정을 받고 싶다면 그들의 법에 따르는 것이 중요하다.

학생들이 다메고로 말을 걸어오면 기꺼이 다메고로 대답하는 일은 훈제 쥐를 가지고 가서 함께 먹는 행동과 같은 이치이다.

즉 학교 교실이라는 공간에서 평가를 하는 학생들이 수업을 열심히 듣게 하고 싶으면 성인의 상식이나 이론은 일단 접어두고 그들의 가치관을 기꺼이 받아들여야 한다.

그때는 선생님이라기보다 그저 재미있는 아저씨라고 생각할지 모르지만 그걸로 충분하다. 그리고 학생들이 자신을 신뢰하기 시작했다고 느낄 때, 재미있는 아저씨의 얼굴에서 교육자의 얼굴로 서서히 바꿔가는 수밖에 없다.

이렇듯 가치관을 공유하고 있지 않은 사람들이 접하면 어느 한쪽이 상대에게 맞추지 않는 한, 커뮤니케이션은 한없이 곤란해진다.

그 외의 개별적인 케이스에서도 크고 작은 다양한 뒤틀림이 있다.

공공형 사교는 시야가 넓고, 가족형 사교는 시야가 좁다

그렇다고 '요즘 젊은 세대의 말은 알아들을 수가 없다. 큰일이다.'고 결론짓는 것은 성급하다. 이것은 어쩔 수 없는 일이다.

공공형 사교와 가족형 사교의 좌우 벡터를 시야의 폭으로 바꿔서 생각해야 한다.

오른쪽으로 갈수록 넓고 왼쪽으로 갈수록 좁아진다.

누구나 어릴 때에는 반드시 시선이 왼쪽으로 향한다. 가족 모임, 같은 취미 모임, 매일 함께 있는 사람들의 가치관, 서로의 캐릭터를 잘 알고 있는 세계이다.

그 속에 있으면 다소 전달 능력이 서툴어도 '네가 무슨 말을 하고 싶은지 잘 알아. 바로 이거지.' 하며 통한다. 편안함을 느낀다.

같은 가족이라도 대가족의 집에서 태어난 사람이라면 할아버지, 할머니와 이야기를 하거나 나이차가 있는 형제와 논쟁을 하는 등 가족형 사교에 속해 있으면서도 공공형 사교의 시야를 가질 수 있지만, 다행인지 불행인지 지금의 대학생들은 핵가족 속에서 자란 외동아들과 외동딸이 많다.

그런 그들이 갑자기 공공형 사교 속에서 살고 있는 사람들 속으로 내팽개쳐진다면 대화가 통할 리가 없다.

그들이 대학교를 졸업하고 취직하여 명함을 갖게 되어도 사회인으로서 말하는 법을 알 리가 없다. 기껏해야 자신의 개인적 이야기나 학교 이야기를 하는 정도이다. 신문을 열심히 읽고 정치나 경제에 대해 이야기를 해도 풋내기가 하는 말이라고 취급당하기 쉽다.

가족형 사교에서 공공형 사교로의 이행 〈유니버설 토크의 출현〉

그럼 이들 젊은 세대가 이대로 공공형 사교 속에 들어갈 수 없는가 하면 당연히 그렇지 않다.

수개월, 길어도 몇 년이 지나면 그들의 이야기도 점점 통하게 된다. 그 사이에 가족형 사교에서 공공형 사교로 시야가 넓어지기 때문이다.

반년 정도 사회에 나와서 일을 하면 공공형 사교의 규칙이 눈에 보이기 시작한다. 학생시절의 규칙도 출신 학교가 다르면 통용되지 않는다는 점이나 서로 같은 나이라고 해도 회사나 업계가 다르면 규칙도 전혀 다르다는 사실도 이해하게 된다.

친해졌다고 해서 다메고로 이야기하지 않고 경어를 사용해도 서로 존경하는 관계가 있다는 사실을 깨닫는다. 이렇게 서서히 가족형 사교에서 공공형 사교의 공간으로의 이행이 이루어진다.

그리고 눈 깜짝할 사이에, 흡사 시골에서 올라온 지방출신이 사투리를 버리고 표준어를 사용하게 되는 것처럼, 보통 사람들에게 통하는 말을 찾아내게 된다.

유니버설 토크의 개념을 이해하기 위해서는 이 가족형 사교에서 공공형 사교로의 이행을 의식하는 일이 필수이다.

가족형 사교 속에서 살아가는 것은 불가능?

긴장감이 동반되지 않는 만큼, 가족형 사교의 커뮤니케이션은 편하다.

허물없는 세계에서는 말만 할 수 있으면 커뮤니케이션 능력은 필요 없다. 이른바 '은둔형' 사람은 이런 공간에 매몰되어 있다고 할 수 있다.

그러나 이런 편안한 가족형 사교의 공간 속에서 계속 살아가는 것이 가능할까?

'은둔형' 사람도 부모가 돌아가시면 거의 강제적으로 공공형 사교의 세계로 내팽개쳐지게 된다.

경제활동이 작은 커뮤니케이션만으로 완결되는 세계라면 가능할지 모른다. 그러나 오늘날 그와 같은 세계를 찾아내기란 대단히 어렵다.

외딴섬이나 깊은 산속에서 혼자 살아가거나 컬트 종교집단에 들어갈 정도의 각오를 하지 않으면 어려울지 모른다. 왜냐하면 지금은 몇십 년 전과 비교해도 가족형 사교의 공간이 점점 작아졌기 때문이다.(그림 2)

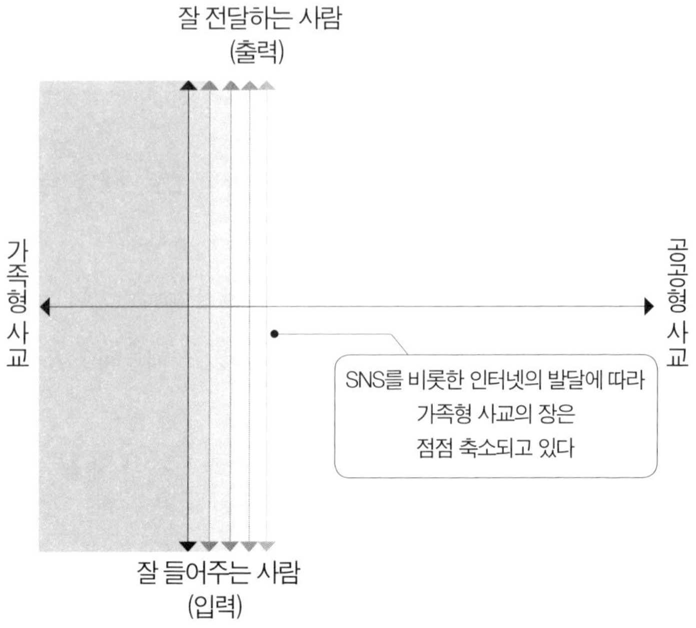

그림 2 가족형 사교의 세계는 점점 작아지고 있다

1970~1980년대, 어떤 큰 물건을 살 때, 부모는 먼저 가족과 의논을 했다. 가령, 차를 산다면 아버지가 차를 파는 매장에 가서 팸플릿을 받아와서 가족회의를 했다.

"어떤 걸 살까?"(아버지)
"나는 이게 귀여워!"(딸)
"난, 이 색이 멋있어!"(아들)
"흠, 나도 그게 좋다."(아버지)
"안 돼요. 그건 비싸잖아요."(어머니)

이런 화기애애함은 가족형 사교가 폭넓게 이루어지고 있던 시대의 결정방식이었다. 그러나 지금은 그렇지 않다. 우리는 그것을 공공형 사교의 공간으로 바꾸어버리고 말았다.

구체적으로 말하자면 인터넷으로 물어보는 것이다. 구글에서 정보를 검색하는 경우도 있지만 페이스북이나 다른 SNS에 올려서 반응을 살펴보기도 한다.

그 결과 어떤 일이 일어난다고 생각하는가?

"차를 산다고 하는데 살고 있는 곳은 어디죠?"
"연 수입은 어느 정도죠? 차 유지비가 상당히 비쌀 텐데 주차

장은 있나요?"

"가족은 몇 명?"

불특정다수의 사람들로부터 이런 질문과 지적이 쇄도한다. 표현을 잘 생각해서 전달하지 않으면 커뮤니케이션이 이루어지지 않는다.

예전에는 그 자리의 분위기, 얼굴빛, 그제까지의 관계성 등으로 헤아릴 수 있었지만 지금은 그것들을 모두 언어화해야 하는 대단히 성가신 작업이 늘어난 상황으로 변했다.

즉 예전에는 가족형 사교에서 완결되던 일이 점점 공공형 사교의 공간으로 이동하고 있는 것이다.

설명해야만 하는 상대가 너무 많아진 시대

물론 예전에도 가족형 사교 공간에서 공공형 사교 공간으로 강제적으로 이행되는 일은 있었다.

어떤 남녀가 교제를 한다고 가정하자. 원리적으로 말하자면 서로 좋아하면 교제나 결혼을 할 수 있다. 그러나 주위가 그것을 쉽사리 허락하지 않는다. 양친은 물론 서로의 친구나 친척에게 상대를 소개하고 교제나 결혼을 해도 괜찮은 사람인지 아닌지 판단을 하는 통과의례가 있었다. 다시 말해 제한된 세계에서 주위에 대한 설명책임을 요구받았다.

이러한 과정은 예전이나 지금이나 변함없지만 지금은 SNS를 비롯한 인터넷의 발달로 인해 설명해야 하는 상대가 너무 많아졌다. 가족형 사교 공간에서 공공형 사교 공간으로의 이동이 점점 가속화하고 있다.

내가 어렸을 때에는 인생에서 가장 많은 사람을 만나는 때는 초등학교와 중학교로 어른이 되면 새로운 만남은 그렇게 많지 않다는 말을 들었다.

중학생까지 한 반이 50~60명이었고 그런 반이 5~10개 있었다. 매년 이렇게 반이 바뀌었으니 상당히 많은 인원이었음에도 연하장을 손으로 직접 쓰던 시대였다.

그런데 연하장을 직접 쓸 시간이 부족해지고 프린트를 사용하거나 메일을 보내는 시대가 되었다.

디지털 툴의 발달속도에 비례해서 매년 알게 되는 사람의 수가 전년의 배가 되고, 어쩌면 10배에 이를지도 모르는 세계에 우리들은 살고 있다.

상대의 배경도 생각해야만 한다

나도 의식을 하지 않으면 50세가 넘은 사람들 사이에서만 통용되는 말투를 사용하곤 한다. 그러나 내 본연의 말투는 제삼자가 보면 사투리와 같아서 주위 사람들은 전혀 공감을 하지 않는다.

'난 나와 동년배의 사람들밖에 이야기하지 않으니 괜찮다.'라고 하는 생각은 통용되지 않는다.

자신은 괜찮을지 모르지만 앞에서 말한 것처럼 상대의 배경에는 자신이 모르는 다양한 가치관을 가진 수많은 사람들이 있기 때문이다.(그림 3)

그림 3 상대의 배경에 있는 무수한 가치관

자신들 사이에서 통용되는 대화만 하면, 설령 그 자리에서는 문제가 없는 것처럼 보여도 나중에 평가나 결론이 뒤바뀔 가능성도 있다.

왜냐하면 그 사람과 헤어진 후, 상대는 그 사람과의 대화나 결론을 공공형 사교 속 다른 사람들에게 이야기하기 때문이다. 적어도 이야기할까 말까 검토는 할 것이다.

그뿐 아니라 상대는 그 사람의 결론을 모두에게 이야기하면 설득할 수 있는가에 대해 생각한다. 무의식중에 자기 애인이 주위 사람들에게 어떤 평가를 받을지 상상하는 것과 같은 심리이다.

설득할 수 없다는 생각이 드는 경우는 '네가 무슨 말을 하고 싶은지 잘 알지만 다른 사람들에게는 통용되지 않아.' 하고 반대를 하게 된다.

다시 말하면 자신의 배경을 통해서 상대를 평가한다. 따라서 지금까지는 서로 잘 통하던 동료라고 해도 그런 관계가 영원히 계속되리라는 생각은 위험하다.

친구에게 이야기할 때조차 누구에게나 통하는 말하는 법, 즉 유니버설 토크를 경유하지 않으면 알아주지 않는 시대가 되었다.

당신은 어디에 위치해 있는 걸까?

그럼 다시 한 번 포지셔닝 맵으로 돌아가겠다.(그림 4)

자기 자신이나 유명인, 자신과 가까운 사람이 어디에 위치하는가를 생각해 보았다. 이것을 보면서 자신이 어디에 위치하고 있는지 더 현실적으로 생각해 보자.

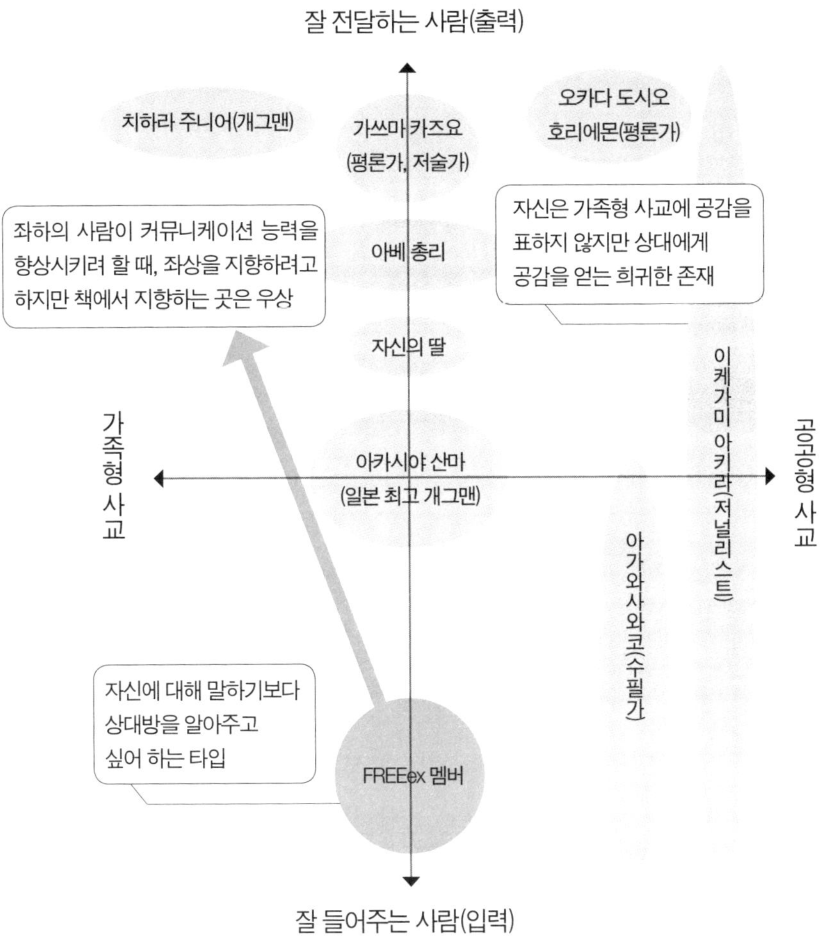

그림 4 나는 어디에 위치하고 있는가?

나는 어느 쪽인가 하면, 다른 사람의 이야기를 듣는 데 서툴고 이야기를 잘하기 때문에 상반 쪽에 해당한다. 그리고 농밀한 인간관계가 아니라 불특정다수에게 발언하는 것이 장기이다. 즉 공공형 사교 쪽에 위치하고 있다고 생각한다.

또 나는 수년 전, 대학교를 졸업하고 취직과 결혼을 한 딸이 있는데 딸아이도 커뮤니케이션 능력이 꽤 높고 나보다 인간관계가 좋다.

아마도 가쓰마 카즈요 씨는 딸보다 전달이 서툴지만 친구 관계를 소중하게 여기는 사람이니 딸보다 왼쪽일 것이다.

공공형 사교에서 잘 들어주는 인물을 꼽으려면 언뜻 떠오르는 사람이 없을지 모르지만, 2012년에 출판되어 100만 부를 돌파한 『듣는 힘』(문예춘추)의 저자인 아가와 사와코 씨가 그곳에 위치하기에 가장 적합한 인물일 듯하다. TV를 보고 있으면 괴팍한 논객이나 지식인 들을 상대로 한 절묘한 토론과 속이 후련해지는 반박 등은 늘 감탄을 자아냈다.

이케가미 아키라 씨는 오른쪽으로 돌출되어 있는 분이다. 이케가미 씨는 어떤 일에 대해 설명을 할 때, '슬프다.'거나 '기쁘다.' 또는 자신의 의견은 전혀 말하지 않고 철저하게 설명만 한다.

누구에게나 통하는 말하는 법 · 전달법이라는 점에 있어서는 궁극의 유니버설 토크라고 할 수 있다. 그래서 이케가미 씨의 말을 듣고 있으면 점점 이해도가 깊어진다. 하지만 이케가미 씨, 자신이 공감한다는 의사표시는 하지 않는다.

그러나 자신이 공감을 표하지 않는 것과는 반대로 이케가미 씨는 수많은 설명 중에서 상대에게 더 많은 공감을 얻을 수 있는 설명을 선택하고 있다고 여겨진다.

실은 이 공감력이 제2장 이후에서 설명하는 유니버설 토크를 완성시킬 때의 핵심이라고 할 수 있다. 표면상, 의도적으로 그것을 포기하는 이유는 아마도 이케가미 씨만의 공평함이나 정의감 때문인 듯하다. '나는 알기 쉽게 이야기하고 있을 뿐, 인기를 얻기 위함이 아니다.'라고 스스로를 규제하는 마음이 대단히 강하다.

내 친구인 호리에몬 씨는 친밀한 동료 사이에서 만 하는 이야기는 극히 싫어하고, 모든 것을 '모두가 나눌 수 있는' 자리에서 대화하려고 한다. 그러나 그다지 잘 들어주는 편이라고 할 수 없기 때문에 나와 똑같이 포지션은 우상이다.

개그맨인 치하라 주니어 씨는 탁월한 토크 기술을 지니고 있다. 그러나 '개그를 하는 사람'이라는 특정한 어법으로 인해 좌상의 포지션으로 분류했다.

같은 개그맨이어도 거물인 아카시야 산마 씨는 밸런스가 좋은 중앙이다. 화술은 그다지 뛰어나지 않고 상대의 이야기에 바로 끼어들거나 방해한다. 그러나 '자신의 이야기'를 '모두의 이야기'로 전환하는 테크닉은 최고 수준이다. 그래서 오랜 세월 동안 '보통 시청자'

에게 최고의 인기를 얻을 수 있었다.

마지막 유명인은 아베 신조 총리이다. 정치가란 정치에 관한 이야기, 즉 '정치적 사교'밖에 하지 못하는 사람이 많다. 역대 수상 중에서도 다나카 가쿠에이를 제외하면 어느 누구도 '모두를 향한 이야기'를 하지 못했다. 그러나 아베 총리는 '공공적 사교'도 가능한 드문 타입이다. 우수한 스피치라이터의 능력을 지니고 있어서 '중앙의 위쪽 근접'이라는 포지션에 넣었다.

한편 지금은 대표를 그만두었지만 내가 만든 FREEex(프릭스)라고 하는 조직에 있는 대부분의 멤버는 좌하에 위치한다. 이것은 아는 사람만 알면 된다, 자신에 대해 이야기하기보다 상대의 아픔을 알아주고 싶어 하는 착한 사람이 위치하는 포지션이다.

책을 읽고 있는 당신은 어디에 위치하고 있는가?

커뮤니케이션 능력에는 2가지가 있다

이 책의 독자를 포함해서 커뮤니케이션 능력을 향상시키고 싶어하는 분들 대부분은 잘 들어주는 입력 지향이 아닌가?

상대가 말하는 내용을 잘 이해할 수 있지만 자신의 생각을 다른 사람에게 설명하기 어려워하는 사람이다.

이런 사람이 커뮤니케이션 능력을 향상시키려면 어디로 향해야 할까?

여기에서 설명한 바와 같이 커뮤니케이션 능력을 향상시키려 해도 그 방법에는 불특정다수의 사람에게 전달하는 커뮤니케이션 능력 향상방법과 특정소수의 사람에게 전달하는 향상방법이 있다.

다른 사람의 이야기는 잘 듣지만 전달이 서툰 사람은 아무래도 특정 소수의 사람에 대한 커뮤니케이션 능력만 향상시키려는 경향이 있다.

즉 상대와 마음을 나누려는 의식이 너무 강한 나머지 가족형 사교를 지향하는 것이다.

분명 제한된 사람과는 서로의 마음이나 의사를 이해하고 나눌 수 있다. 그러나 가족형 사교의 커뮤니케이션 능력을 향상시켜도 미래가 없다. 자신을 이해해주는 분모 자체가 작아지는 단점을 각오하지 않으면 안 된다.

그리고 앞에서 설명한 대로 가족형 사교 속의 동료조차도 배경의 다양한 가치관에 영향을 받기 때문에 항상 100% 이해해준다고 장담할 수 없다.

예전의 가족형 사교, 즉 노인은 노인들과, 남자는 남자들과, 어머니는 자신의 친구들밖에 이야기를 하지 않는 듯한 세계라면 말하는 법을 가르치는 교실의 '높낮이를 줘서 이야기를 하십시오.' 또는 '발성연습을 하십시오.', '이럴 때는 이렇게 대답하십시오.'라고 하는 테크닉과 트레이닝만으로 충분하다.

물론 그런 잔재주와 같은 테크닉이나 트레이닝은 중요하며 책의 후반부에서도 설명하고 있지만, 생활공간이 가족형 사교에서 공공형 사교로 점점 이행하는 현상을 파악하지 않으면 아무 소용이 없다.

그렇기 때문에 당신은 반드시 공공형 사교 속에서 활용할 수 있는 커뮤니케이션 능력을 갈고닦기를 바란다.

사람들 앞에서 말하기 위한 마음 단련법이란?

내가 자주 상담하는 말하는 법에 대한 고민은 다음의 4개 정도의 레벨이다.

'사람들 앞에서 이야기를 할 수 없다.', '말하는 것이 거북하다.', '말하기가 서툴다.', '말을 더 잘하고 싶다.'

'사람들 앞에서 이야기를 할 수 없다.'라는 것은 사람 앞에서 목소리가 나오지 않는 레벨이다. 아무리 질문을 해도 '음…….'이라는 작은 목소리가 새어나오는 정도다.

본서는 사람들 앞에서 '말하는 것이 거북'하고 '말하기가 서툴'고 '말을 더 잘하고 싶은' 레벨의 사람을 위한 책이다. '말을 못 하는' 사람을 위한 대책은 거의 다루고 있지 않다. 그런 의미에서 중급자 이상을 위한 내용이라 할 수 있다.

애초에 '사람들 앞에서 말을 못 하는' 사람은 마음의 훈련이라는 단계를 밟아서 마음을 강하게 하지 않으면 어떻게 할 방법이 없다.

그러나 이 마음 훈련, 각 레벨에도 공통된 과제가 있다.

차나 와인을 파는 가게에서 손님에게 시음을 권하는 광경을 본 적이 있을 것이다. 그런 아르바이트를 하는 사람에게 손님들이 하는 80~90%의 불평불만은 '무슨 말을 하는지 알아들을 수가 없다.' 이다.

아침에는 '한번 드셔보세요.'라며 말을 잘 걸지만 많은 사람들에게 거절당하면 점점 무서워져서 목소리가 나오지 않게 된다.

실은 나도 대학에서 강의를 시작하고 반년 정도까지는 학생들의 눈을 보고 이야기를 할 수 없었다.

사람들 앞에서 웬만큼 말을 할 수 있는 사람도 마음이 약해지면 역시 목소리가 나오지 않기 마련이다.

◎ 마음을 단련하는 훈련이란?

마음은 어떻게 단련하면 좋은지 참고로 한 것은 개그맨 양성소에서 하고 있는 방법이다.

개그맨이 되고 싶어 하는 사람은 학창시절부터 재미있는 사람도 분명 있을 테지만 의외로 집에서 개그맨 프로그램을 계속 보거나 친구가 없는 사람도 꽤 있다고 한다. 그래서 '사람들 앞에서 말을 못 하는' 고민을 가지고 있는 사람도 있다.

그럼 그런 사람들이 어떤 훈련을 하고 있는가 하면 일생생활에서 실천할 수 있는 간단한 것들뿐이니 당신도 꼭 시도해 보기를 바란다.

1. 보여주는 훈련 ① 엘리베이터

엘리베이터에 타서 일부러 가장 구석으로 가서 입구 쪽을 향한다. 마음이 약한 사람은 엘리베이터를 타면 버튼 가까이에서 벽을 바라보고 누르거나 또는 뒤쪽으로 가서 벽을 바라보기 마련인데 당당하게 정면을 바라보자.

다른 사람이 마치 자신을 보며 엘리베이터를 타는 듯한 느낌이 들지만 익숙해질 때까지 그런 압박감을 이겨내자.

2. 보여주는 훈련 ② 지하철

지하철을 타면 앞자리에 앉아 있는 사람들이 '지금부터 자신의 이야기를 들어준다.'고 상상하면서 시선을 좌우로 움직인다.

익숙하지 않은 사람은 아주 잠깐이라도 다른 사람의 시선이 자신을 향하면 이내 무서워하는 경향이 있다. 이 훈련을 이겨내면 어느 정도 다른 사람의 시선에 대한 공포를 극복할 수 있다.

3. 보여주는 훈련 ③ 영화관

영화관에 가면 일부러 좌석의 앞쪽으로 가서 자리를 찾는 시늉을 한다. 엘리베이터나 지하철과 마찬가지로 영화관 객석에 앉아 있는 사람은 모두 단지 영화가 시작될 때까지 스크린을 멍하니 바라보고 있을 뿐, 앞에 누가 서 있든 전혀 신경을 쓰지 않는다.

그 미묘한 안심감과 긴장감을 느끼면서 보여주는 훈련을 하자.

4. 목소리를 내는 훈련 : 거리에서 티슈 나눠주기

보여주는 훈련에 익숙해지면 다음은 목소리를 내는 훈련이다.

거리에서 티슈를 나눠주는 사람이 있으면 '고맙습니다.'라고 말하며 받은 후에 '아, 이거 어디서 팔고 있죠?' 등과 같은 질문을 하자.

만일 상대가 'OO 행사를 하고 있습니다.' 하고 대답을 하면 전혀 관심이 없어도 '아, 그래요?' 또는 '언제까지 하나요?', '어디서 하나요?' 하고 물어서 문답 형식을 취한다.

이 정도의 일이라도 익숙하지 않은 사람에게는 훈련이 된다.

왜 티슈 나눠주기인가 하면 상대가 먼저 '티슈 받아가세요.'라는 발신을 하고 있기 때문이다. 자신은 받는 쪽이어서 '고맙습니다.'라고 말하는 것은 쉽다. 만약 헌팅처럼 자신이 먼저 말을 걸어야 하는 상황이면 장해물은 너무 크고 높아진다.

프로 개그맨조차 말을 잘하기 위한 최초의 훈련은 '보여주기', '목소리 내기'이다.

이 단계를 생략하고 발성법이나 이야기의 구성, 목소리 내는 법을 배워도 아무 소용이 없다. 말하는 법의 기초능력으로서 어느 레벨이라도 '강한 마음'은 필수이다.

제2장

왜 사람들은 당신의 의견에 공감하지 못할까?

'유니버설 토크'의 공감대와 재구축

자신의 의견을 전하는 것이 아니라 상대의 생각을 이해한다

제1장에서는 가족형 사교에서 공공형 사교로의 이행을 의식하지 않으면 누구에게나 통하는 말하는 법 · 전달법, 즉 유니버설 토크가 불가능하다는 점을 설명했다.

그럼 이 유니버설 토크를 어떻게 실천하면 좋을까? 공공형 사교를 의식한다는 말은 무슨 뜻일까?

보통의 말하는 법 · 전달법의 테크닉에서는 자신의 입장의 정당성을 어떻게 전달하는가를 가르친다. 그러나 유니버설 토크는 다르다. 몇 번이나 말하지만 유니버설 토크라는 것은 '누구나 알 수 있도록'이 중요하다.

그를 위한 단서는 자신보다 먼저 상대의 생각을 이해해야 한다.

포지셔닝 맵(Positioning Map) 만드는 방법

유니버설 토크를 사용할 때도 단순한 포지셔닝 맵을 만들면 자신과 상대가 서 있는 위치가 한층 명확해진다.

가장 심플하고 범용성이 있는 포지셔닝 맵은 '남성↔여성', '일이 있음↔일이 없음'이 아닐까 한다. 혹은 '남성↔여성', '어른↔아이'라는 구분법도 있다.

이 포지셔닝 맵은 어느 정도 경제나 수학의 이론을 배운 사람에게는 익숙한 사고법이지만 그 외의 사람들에게는 어려운 느낌이 들지 모른다.

나와 완전히 똑같은 생각을 갖고 있는 사람은 많이 있다. 다른 의견을 갖고 있는 사람은 무수하게 존재하고, 가령 우리의 입장에서 국제문제에 대해 생각할 때는 미국인이라면, 아랍인이라면, 프랑스인이라면, 독일인이라면, 한국인이라면 하고 생각하면 제한이 없어진다. 그러나 이처럼 2개의 선을 십자로 긋고 4개의 사고법으로 분석하는 정도라면 간단하다.

화제에 따라 대립축은 바뀌지만 대체로 의견이 갈릴 듯한 축으로 생각해 보자.

익숙하지 않을 동안에는 실제로 종이에 그려보자. 그것도 어려운 경우에는 각 항목별로 써보자. 점점 익숙해지면 자연스럽게 머릿속으로도 가능해진다.

어떤 일을 결정해야 할 때는 '찬성↔반대'라는 대립축도 생각할 수 있다. 같은 찬성, 같은 반대라고 해도 그것이 '적극적↔소극적'이라는 대립축도 있다.

물론 이 대립축은 직면한 문제에 따라 바뀌어야 하지만 여기에서는 편의상 이 두 개의 대립축으로 생각해 보자.(그림 5)

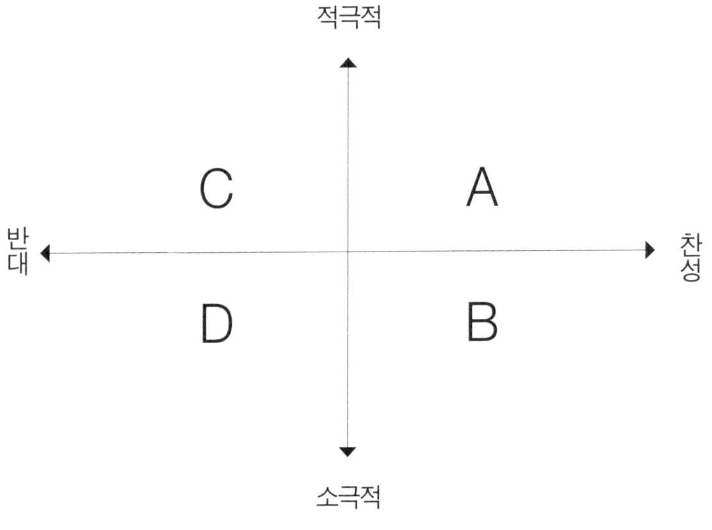

그림 5 포지셔닝 맵의 예

가령 당신이 '반대하지만 소극적'이라는 D의 입장에 있다고 하면 자신의 의견을 관철하기 위해 어떻게 프레젠테이션을 하겠는가?

상대에게 공감하고 재구축한다

나와 같은 입장의 사람이라면 주장이나 마음을 공유하기 쉽다. 가족형 사교가 되기 때문이다.

그러나 그 외의 사람에게 아무리 열심히 내 의견의 정당성을 설명해도 좀처럼 이해받기 어렵다. 왜냐하면 나와 다른 입장에 서 있는 위치의 사람과 말하는 시점에 공공형 사교의 장이 생기기 때문이다.

그렇다면 어떻게 하면 공공형 사교에서 통하는 대화 상대가 될 수 있을까?

유니버설 토크에서는 굳이 자신의 의견을 최종적으로 정리할 필요가 없다. 오히려 내가 공감할 수 없는, 혹은 나와 싸울지도 모르는 사람들에 대해 철저하게 생각한다. 어느 선까지 철저하게 하는가 하면 상대의 의견에 '공감'하고 나의 언어로 재구축할 때까지이다.

'그것은 내 의견을 관철하지 못하는 것이 아닌가?' 이렇게 반문할지 모른다. 맞다. 그러나 실망할 필요는 없다. 지금 단계에서는 그것으로 충분하다. 그것이 유니버설 토크의 기본이다.

적은 인원이 이야기를 할 때의 유니버설 토크는 내가 일방적으로 이야기를 하는 것이 아니라 상대에게 의견을 구하고 상대의 안색을 살피면서……. 이렇게 말하면 부정적으로 보이기도 하지만 얼마나 공감하고 있는지, 찬성하고 있는지 헤아리면서 만들어 가야 한다.

61페이지의 포지셔닝 맵에 다른 요소를 추가한 것으로 생각해 보자.(그림 6)

A~D가 속한 위치가 있다. '반대하지만 소극적'은 D에 위치하고 다른 A~C와 대립한다.

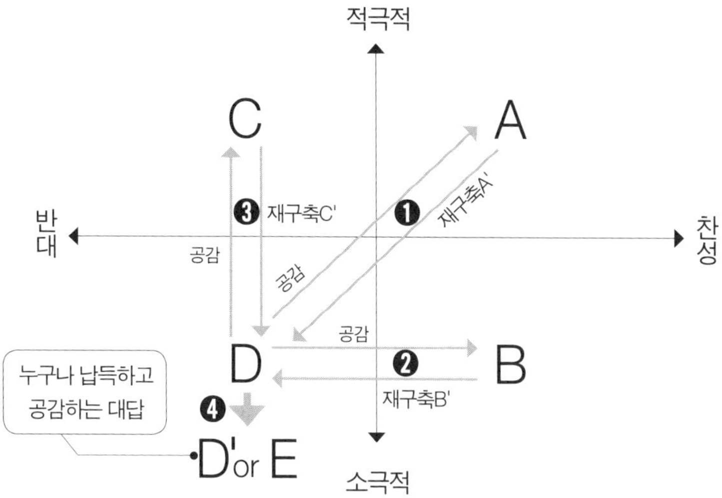

그림 6 공감과 재구축, 대답 도출법의 이미지

■ 누구나 납득하는 대답을 만드는 법

앞에서 설명한 바와 같이 대립하는 상대의 의견을 철저하게 생각하고, 공감하고, 재구축하는 프로세스를 거쳐 보도록 하겠다.

단적으로 정리하면 다음과 같다.

'분명 A도 알아요(공감). A'잖아요(재구축).'

'분명 B도 알아요(공감). B'잖아요(재구축).'

'분명 C도 알아요(공감). C'잖아요(재구축).'

왜 이와 같은 프로세스를 거칠 필요가 있을까?

사람은 상대가 공감해준 만큼 그 답례로 자신의 마음속에도 상대에 대한 공감의 여지가 생기기 마련이다.

여기까지 이르면 자신의 의견을 이해하게 만드는 일도 간단해진다. 다음과 같이 주장하는 것이다.

'A와 B와 C의 생각을 잘 알고 있다. 그래서 각각의 주장을 받아들이면서 D라는 방향성을 모색하는 것은 어떨까? 아니면 E라는 방향도 있다.'

이것이 유니버설 토크이다. 유니버설 토크란 자신의 생각 D를 시비(是非)에 상관없이 관철하려고 하는 테크닉이 아니다.

모두의 의견을 받아들여 하나가 되도록 재구축한 'A와 B와 C'를 통합해서 'D나 E'와 같은 답을 만드는 것이다. 구체적인 예는 이번 장의 말미에 있는 칼럼에 정리해 놓았다.

의외로 단순한 공감의 구조

어떻게 보면 유니버설 토크의 공감 프로세스는 대단히 번거로운 것처럼 느껴진다.

그러나 1대1 장면에서 생각해 보면 조금 더 명확해지지 않는가?

형사 드라마에서 형사와 범인의 다음과 같은 상황을 본 적이 있을 것이다.

> "그러니까 당신이 그 사람을 살해한 거군요. 내가 당신의 입장이었다면 분명……. 아버님이 일찍 돌아가시고 여자 혼자 힘으로 자신을 키워준 어머니가 그런 일을 당했으니. 당신은 또 다른 피해자라고 할 수 있어요."
>
> "형, 형사님……!"
>
> "하지만 당신이 죽을힘을 다해 궁극의 라면을 만든 것처럼, 나도 형사라는 직업에 자부심을 가지고 있습니다. 그래서 어쩔 수 없이 당신의 손에 수갑을 채우지 않으면 안 됩니다."
>
> "잘 알겠습니다……."

이렇게 범인이 정에 얽매이는 것이라고 생각하자. 가능한 비판적인 말이 아니라 '그 마음, 잘 알고 있습니다.'라고 감정을 담아서 말을 하는 것이다. 내가 『아사히 신문』에 연재하던 「고민상담 항아리」라는 인생 상담 코너도 유니버설 토크이다.

상담자의 생각에 대해 '당신의 생각은 틀렸다! 그러니 내가 말하는 대로 해!'라고 말하면 상대는 절대로 동조하지 않는다.

'당신은 이것을 선택했군요? 알았습니다.'라고 공감하고, 자신의 의견을 전달하면 비로소 상담하는 사람의 마음에 파동을 줄 수 있다.

이것이 전달되는 순간이다. 결국, 사람에게는 이 정도의 영향밖에 줄 수 없지만 그것으로 충분하다. 이것이 공감이며, 이해하고, 전달한다는 것이다.

공감의 축을 넓혀서 내 편을 늘린다

사실 유니버설 토크의 효용은 상대에게 공감을 얻는 것만이 아니다. 공감을 넘어 상대가 내 편이 되어줄 가능성도 넓어진다.

무슨 말인가 하면 가령, 당신이 60살이고 재혼을 생각하는 남성이 되어 지인 A씨에게 상담하는 상황을 상상해 보자.

"내년이면 나도 예순이니, 그녀와 결혼을 하려고 해."(본인)

"뭐? 무리 아니야?"(A씨)

"어째서?"(본인)

일반적으로 생각하면 이런 대립이 발생하고 서로의 의견은 평행선을 달린다. 그럼 유니버설 토크를 사용하면 어떻게 될까?

"내년이면 나도 예순이니, 그녀와 결혼을 하려고 해."(본인)

"뭐? 무리 아니야?"(A씨)

"역시 무리일까? 그렇겠지?"(본인)

이와 같이 우선 상대의 의견에 동의한다. 그리고 자신이 처음에 가지고 있던 결론을 굳이 포기하고 두 사람 사이에 새로운 결론을 형성하는 것을 의식한다.

"음, 재혼은 몰라도, 일단 동거하는 거라면 괜찮지 않을까?"(A씨)

"그렇군. 일단 같이 살면서……."(본인)

여기까지는 이미 말한 유니버설 토크의 공감 시스템이다. 그럼 본인과 A씨 외에 또 다른 한 명, B씨가 나타난다면 어떻게 될까?

"내년이면 나도 예순이니, 그녀와 결혼을 하려고 해."(본인)

"흐음, 어차피 오래가지 않을 거야."(B씨)

"그렇지 않아. 지금 당장 결혼하고 싶어 할 정도로 그녀를 정말 사랑하니까."(A씨)

"내가 원래 싫증을 잘 내는 성격이니 B가 하는 말도 일리가 있어. 하지만 어쨌든 1년 동안 노력해 보려고 해."(본인)

이것이 유니버설 토크의 또 하나의 효용이 생기는 순간이다. 이해했는가?

본인이 B와 의견이 대립했다고 해도 본인과 함께 결론을 만든 A는 본인의 편이 되어 준다.

물론 이 경우에도 B를 포함한 3명이 결론을 내리는 일을 의식해야 한다. 그렇게 하면 점점 공감의 틀이 넓어지고 내 편이 늘어난다.

자신의 생각은 언제든지 움직여도 좋다

유니버설 토크의 '누구에게나 전달한다.'라는 말은 말하는 법의 테크닉과는 다르다.

주위 사람들과의 대화를 중시하고, 거기에서 얻은 결론을 모두의 결론으로 삼는 것이다. 즉 자신의 생각은 항상 움직인다.

그렇다고 해서 나는 늘 생각이 바뀌는 카멜레온 같은 사람이 아닌가 하고 부정적으로 생각할 필요는 없다. 여기에서는 이런 결론, 저쪽에서는 저런 결론을 내린 모순을 기꺼이 받아들인다.

나를 포함해서 인간이라는 존재는 스스로 생각하는 만큼 현명하지 않다. 자신의 입장만 생각하기 마련이다.

우리 격언의 '우매한 사람도 셋이 모여 의논하면 문수보살의 지혜를 얻는다.'는 말처럼, 자신의 결론을 강요하는 것을 목적으로 하지 말고 모두가 함께 의견을 형성해가는 것을 목적으로 해야 한다.

다음에서는 그 전형적인 예를 전달하겠다.

'니코니코 생방송'은
전형적인 유니버설 토크로 이뤄져 있다

여기까지 읽고 '이론은 알겠지만 정말 가능해?'라고 의문을 품는 분도 있을 듯하다.

나는 항상 유니버설 토크를 의식하고 있다. 특히 '니코니코 생방송(인터넷방송)'을 하고 있을 때에는 더 강하게 의식하지 않을 수 없다.

나보다 한참 아래인 젊은 세대가 주된 시청자라는 점도 있다. 하지만 니코니코 생방송의 코멘트 표시 시스템에 의한 요인이 훨씬 더 크게 작용한다.

니코니코 생방송은 각각의 시청자가 자신의 컴퓨터나 스마트폰을 통해 자신의 의견을 올릴 수 있다.

내가 나오는 화면에는 시청자의 댓글이 실시간으로 표시되어 오른쪽에서 왼쪽으로 흘러간다. 거의 동시에 다양한 사람들의 댓글이 몰리면 중첩돼서 표시된다. 가장 많을 때는 글씨가 흘러가는 스피드가 빨라진다.

댓글이 대량으로 몰리면 내 얼굴이 보이지 않을 만큼 화면 전체가 10행 이상의 댓글로 가득 차고 빠른 속도로 사라진다.

다소 이상한 말이나 마음에 들지 않는 말을 하면 "그건 무슨 의미?" 또는 "꿰져.", "그렇군." 등의 댓글이 쏟아진다.

그런 댓글을 몇 개 선택해서 대답을 하면서 방송을 계속하는데, 방송에서 쓰는 말하는 법이 바로 완전한 유니버설 토크이다.

이야기를 시작할 무렵에는 나의 말에 무조건 찬성하는 사람이 있는가 하면 무조건 반론하는 사람도 있고 회의적인 생각을 가지고 시청하고 있는 사람도 있다. 그런데 대체로 10~15분 정도 지나면 왠지 모를 같은 동료라는 의식이 생긴다.

신기하게도 이 동료의식을 바탕으로 나온 결론에는 반대의견 댓글이 보이지 않는다. 몇만 명이나 되는 시청자 대부분이 지지하고 있는 것처럼 여겨진다.

자신의 의견에 대해 처음부터 몇만 명이나 되는 사람이 납득한 상태라는 것은 단순히 그것이 상식이거나 반대로 세뇌당한 것 중 하나이다.

그러나 내가 내 의견조차 시청자들의 댓글의 영향을 받아 바뀌가는 모습을 보이기 때문에 시청자가 납득하는 구조를 형성한 것이다.

물론 몇만 명의 사람이 일제히 납득할 리가 없고 마지막까지 반론하는 사람도 있다. 그러나 방송이 끝난 후에 앙케트를 받는데 95% 정도의 사람이 방송에 만족한다.

유니버설 토크 응용 편

'말을 잘하는 사람' 하면 제일 먼저 개그맨을 떠올리는 사람이 많을 것이다. 분명 개그맨들은 유니버설 토크의 달인이라고 할 수 있다.

모 방송 프로그램에서는 개그맨이 TV에서 '은밀한 이야기'를 하는 경우가 많이 있다.

본래 은밀한 이야기는 가족형 사교에서의 대화이다. 시청자의 생활과는 전혀 관계가 없어서 듣는다고 해도 잘 이해하지 못하고 재미있을 리가 없다.

그런데 막상 TV를 통해 그들의 이야기를 들으면 폭소를 하게 된다. 신기하다고 생각하지 않은가?

단순히 개그맨들에게 통용되는 은밀한 이야기라고 하면 자신들이 알고 있는 '무명 개그맨'이 무슨 실수를 했다거나 여자 친구에게 어떻게 차였다거나 하는 이야기를 하고 웃으면서 끝이 날 것이다.

그러나 TV에서 방송되는 은밀한 이야기는 유니버설 토크의 응용 사례 중 하나이다.

자신이 알고 있는 '무명 개그맨'의 이미지가 폭넓게 전달되도록, 공감할 수 있도록, 누구나 상상할 수 있는 알기 쉬운 말로 설명하는 것이다.

연예인 이야기를 들으면서 함께 웃는 순간, 시청자는 연예인들의 가족형 사교 공간에 들어간 기분이 든다.

말을 잘하는 개그맨이 인기가 있는 이유는 시청자가 자신도 모르게 그들을 가깝게 느끼기 때문이다.

의도적으로 가족형 사교 속에서 뛰쳐나와 공공형 사교로 향하는 것이 유니버설 토크의 기본인데, 자신의 가족형 사교 공간 속에 상대를 끌어들일 수 있다면 자신의 이야기는 점점 더 잘 통하게 된다.

개그맨들은 이와는 완전히 반대되는 일을 하는 것처럼 보이지만, 다르게 생각하면 공공형 사교와 가족형 사교의 공간의 차이를 이해했기 때문에 전문 개그맨으로서의 '유니버설 토크 응용 사례'를 이야기할 수 있는 것이다.

프레젠테이션에서의 유니버설 토크 사용법

이 책의 독자 중에는 프레젠테이션 등의 회의 자리에서 자신의 의견을 관철시키고 싶은 욕구를 지닌 비즈니스맨이 많을 것이다.

당연히 유니버설 토크는 프레젠테이션 상황에서도 사용할 수 있다. 그러나 작은 노력이나 기획이 필요하다는 사실을 덧붙이고 싶다.

프레젠테이션과 같이 제한된 시간 안에 유니버설 토크를 사용하면 대립하는 의견에 대해 '확실히 그 안도 아주 좋다. 개인적으로도 좋다. 하지만 이번에는 저희 A안이 가장 적합하다고 생각한다.'와 같은 식으로 흘러갈 것이다.

그렇게 되면 프레젠테이션을 하는 쪽의 의견을 지나치게 우선시하고 강조하는 상황밖에 되지 않는다.

또는 제3장에서 설명하는 '전투사고력'의 '반박 능력'을 단련하면 반강제적으로 유니버설 토크를 통해 자신의 주장을 관철할 수 있을지 모른다. 하지만 이것은 하책이다.

한번은 잘 설득해서 자신의 의사대로 기획을 관철시켰다고 해도 상대는 '만일 B안으로 했다면 어떻게 됐을까?', '좀 더 이쪽 의견을 제대로 전했어야 했나.'와 같이 부정적인 감정을 품게 된다. 처음에는 성공했지만 두 번째에는 통용되지 않을 가능성이 높아진다.

그럼 어떻게 하면 좋을까?

앞에서 유니버설 토크를 잘 사용하면 내 편이 점점 늘어난다고 설명했다. 이것을 의식하면 된다.

가능한 프레젠테이션의 초기 단계에서 의사결정에 영향력을 지니고 있는 그룹의 공통가치관을 파악한다. 그리고 그 가치관에 공감, 재구축하는 프로세스를 거쳐서 자신의 기획 프레젠테이션 내용에 포함시킨다. 즉 자신의 의견이 아니라 '동료가 된 신입'의 의견으로써 기획을 프레젠테이션 하는 것이다.

최강의 아군이 늘어나는 만큼 강요하는 듯한 느낌을 주지 않고 의견을 관철시키기 쉽다.

회사 내에서의 경쟁이라면 더 간단하다. 사전에 사장이나 부장의 생각을 조사하면 꽤 완성도가 높은 기획서를 준비할 수 있다.

영업에서의 유니버설 토크 사용법

프레젠테이션에 국한하지 않고 영업 등과 같이 이 책을 활용하고자 하는 영업사원도 있을 것이다.

예를 들어 자동차 영업으로 생각해 보겠다.

내가 팔고 싶은 차가 토요다의 차라면 고객이 무엇을 요구하는지 특정할 수 있다. 그러나 '왜 사지 않는가?'에 대해서는 대립축을 만들어 그 이유를 생각한다.

가령 '자동차가 있다↔필요 없다', '토요다의 차를 원한다.↔토요다 차는 필요 없다.'라고 하는 이미지이다.

그리고 대립하는 위치에 있는 사람에게 '이쪽이 더 이득입니다!'라고 설득하지 말고 '그것도 좋군요.', '분명히 그쪽이 이득이네요.'라고 공감한다.

그러면 '대체 어떻게 된 일인지, 고객이 교묘한 화술에 휘말려 토요다의 차를 구입'하는 일은 그리 쉽게 생기지 않는다. 기껏해야 고객인 자신의 생각에 공감해준 영업사원이 조금 좋아지는 정도일 것이다. 그러나 그것으로 충분하다.

영업은 성사되지 않았을지 모르지만 나에게 좋은 인상을 가진 사람들을 많이 확보함으로써 미래에 살 확률을 높일 수 있다.

단, 본래 유니버설 토크가 위력을 발휘하는 경우는 누구에게나 통하는 것을 목표로 한 말하는 법 · 전달법이다. 블로그나 유튜브 등에서 불특정다수의 사람을 향해 자신이 하고 싶은 말이나 팔고 싶은 물건을 전달할 때의 기법이다.

반드시 이런 점을 의식해서 영업에 유니버설 토크를 사용해 보자.

거짓 유니버설 토크와 대처법

이제까지 유니버설 토크의 공감의 중요성에 대해서 설명을 했는데, 자칫 빠트리기 쉬운 점은 다음과 같은 케이스이다.

'B라는 의견은 말씀하는 그대로입니다. 그러나 역시 A로 하시지요.'

이것은 결정권을 가진 프로젝트의 리더나 반상회의 회장이 자주 사용하는 수법이다. 다른 사람의 이야기를 듣는 척하지만 공감이라는 프로세스를 뛰어넘어 '알고 있다.', '벌써 결정했다.', '검토가 끝났다.'라는 뉘앙스로 대답을 한다. '알고 있다.'라고 해야 할 것을 '알고 있었다.'라고 말한다.

그들에게는 이미 결정된 결론이 있었던 것이다. 그리고 '말한 그대로이다.'라며 의논을 피하는 방법도 알고 있다. 리더를 맡을 정도이니 머리가 좋고 자신이 나름의 결론을 내리고 더욱이 확신하고 있다.

한번 배워서 몸에 익힌 유니버설 토크도 이런 단순한 기법으로 사용하는 경우에는 그 위력은 점점 쇠퇴해 간다. 이래서는 상대는 납득하지 않는다. 중요한 것은 어떻게 공감을 얻을까 하는 점이다. 그를 위해서 내가 먼저 진심으로 상대에게 공감하지 않으면 안 된다고 앞에서 말했다.

반대로 결정권을 가진 상대가 이 방법을 사용했을 때에는 만만치 않다. 그런 때는 '거짓 유니버설 토크 깨기'로써 다음과 같은 방법을 참고로 하자.

가령 A로 결정된 이전의 회의에서 시간을 두고 다음 회의에서 상대에게 다음과 같이 물어본다.

"이전 회의에서 B라는 의견이 나왔습니다. 그때 당신도 '맞는 말이다.'라고 말씀했습니다. 저도 그렇게 생각했는데 절충안을 도출하지 않고 결국 A로 가기로 한 것이 계속 마음에 걸렸습니다. 그래서 지금, 저는 C라고 생각하는데 어떻게 생각하십니까?"

그러면 상대는 '맞는 말이다.'라고 대답을 할 것이다. 이때 재빨리 '역시 걸리는 것이 있었군요?'라고 확인한다.

상대가 자신의 입으로 '실은 나도 마음에 걸렸다.'고 하면 성공이다. 연기라면 그렇게 말할 수 없다. 사람은 무서운 존재로, 자신의 입으로 한 말은 믿기 마련이기 때문이다. 특히 머리가 좋은 사람일수록 말의 제약을 받는다.

'마음에 걸려서 계속 신경이 쓰였다.'라고 말한 순간, 이전에 결정한 사항이 정말로 마음에 걸린다. 이렇게 되면 B와 C라는 제안을 들은 후에 A라는 결론으로 되돌리려고 해도 좀처럼 불가능하다. 반드시 A라는 결론은 B나 C의 요소가 조금씩 들어간 제안이 된다.

최후에 도달한 대화법이 유니버설 토크

유니버설 토크라는 방법을 생각해낸 계기는 '누구에게나 통하는 말하는 법 · 전달법이라는 테마로 강의'해달라는 의뢰 때문이었다.

'말하는 법 · 전달법'을 어떤 형태로 해설하면 좋을까?

'5W1H로 설명' 혹은 '처음에 결론을 말하고 그 뒤에 설명' 또는 '상황에 따라 구분해서 사용하는 철판 프레임'과 같은 구체적인 기술론을 생각해 보았다. 그러나 어떤 의미에서 이런 말하는 법 매뉴얼은 세상에 차고 넘친다.

결국 다시 처음으로 되돌아가서 내가 평소에 어떤 식으로 생각하고 어떤 식으로 말을 하는지, 가능한 논리적으로 설명해 보려고 생각했을 때, 바로 이 '유니버설 토크'라는 말에 이르렀다.

유니버설 토크는 연습을 해서 조금씩 익히는 훈련과 같은 것이 아니다. 공감력이 기본이다. 공감만 하면 찬성을 얻지 못했다고 해도 큰 이익이 남는다.

가령 결혼을 하려고 할 때 가족이 찬성하지 않는다고 가정하자. 보통은 배우자의 좋은 점을 가족에게 프레젠테이션을 해서 설득하는 것이 유일한 방법이다. 가족이 알 수 있도록 열심히 설명을 한다. 하지만 앞으로 그런 일은 일절 해서는 안 된다. 대신 설득이 아닌 공감을 하도록 해야 한다.

"어머니가 걱정하는 마음은 잘 알고 있습니다. 저도 그렇게 생각합니다. 솔직히 그런 불안도 마음속에 있습니다."

상대가 말하는 데에 우선 전적으로 공감한다. 알고 있다고 하는 척은 금물이다. 진심으로 공감하는 것이 중요하다.

누구에게나 결혼은 불안한 일이다. 하물며 가족이 걱정하는 점들에 대해 본인도 불안하지 않을 리 없다. 차분히 설명하면 공감할 것이다.

공감하면 할수록 '그러니까 하지 마.'라고 하겠지만 '그래도 결혼하겠습니다.'라고 자신의 '결론'만 전달한다.

이때는 설득이나 설명은 일절 필요 없다. 당연히 찬성할 가능성은 낮다. 하지만 그렇게 해서 만든 관계는 계속 유지된다.

결혼 후에 어떤 상담거리나 부탁할 일이 있을 때, 다시 한 번 공감을 얻기가 쉬워진다. 그런데 가족이 결혼에 찬성하지 않아서 싸우고 헤어지거나 억지로 설득을 한 경우라면 나중에 큰 차이가 발생한다.

단 한 번만으로 자신의 뜻을 전달하려 하거나, 찬성을 얻기 위해 초조해 해서는 안 된다. 몇 번이고 상의해서 함께 얻어낸 결론이나 인식이 늘어날수록 관계는 좋아진다.

다수의 사람에게, 누구나 알 수 있도록 모두의 마음을 헤아리면서 이야기를 해나가는 것과, 이처럼 장기간에 걸쳐 그때그때 상대의 마음을 헤아리고 자신의 의견도 진화시키면서 계속해 나가는 커뮤니케이션. 양쪽 모두 장기적인 전략에서 본다면 반드시 이득이다.

| 칼럼 |

원전 재가동에 대해 찬성? 반대?
– 유니버설 토크 실천 사례

이론만 들으면 '그런 단순한 방법으로 정말로 말하는 법이나 전달하는 방법이 향상될까?'라고 생각할지 모르겠다.

그래서 유니버설 토크의 구조를 구체적인 예를 통해 생각해 보도록 하겠다.

'원전 재가동에 찬성? 반대?'라는 문제를 적용하겠다. 대립하는 생각을 가진 사람들에게 자신의 주장을 이해시키기 위한 유니버설 토크라면 어떻게 해야 할까?

먼저 찬성인지 반대인지를 생각해서 자신의 의견을 세운다. 어느 쪽도 상관없지만, 원전 재가동에 찬성하는 입장으로 구성해 보겠다.

내가 생각한 대립축은 '엘리트 불신↔대중 불신', '합리성↔정의감'이다.(그림 7)

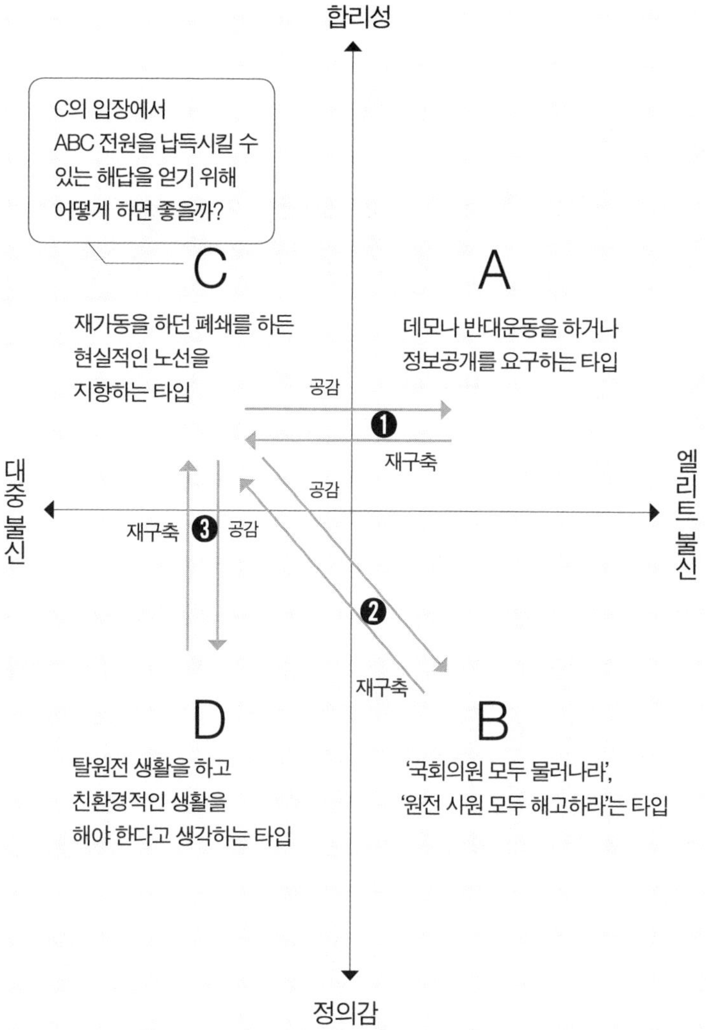

그림 7 원전 재가동의 시비(是非)를 생각한 경우

횡축은 그 사람의 불안, 즉 '무엇을 믿지 못하는가?'를 나타낸다. 오른쪽 끝은 엘리트 불신, 즉 '교활한 권력자가 있어서 힘없는 서민을 괴롭히고 있다.'는 생각. '정치가나 전력회사는 믿을 수 없다.'는 경향이다.

반대의 대중 불신이란 '규칙이나 매너를 지키지 않는 사람들이 사회를 악화시키고 있다.'라는 생각이다. '무슨 일이 생기면 반대를 외치는 것은 사회혼란을 부추기는 것과 같아서 오히려 위험하며, 멍청하고 어리석은 일이다.'라는 경향이다.

종축은 그 사람의 신념, 즉 '어디에 무게중심을 두고 발상과 행동을 하는가?'를 나타낸다.

위쪽은 합리성, 즉 '선악이 아닌 현실적인가 아닌가.' 하는 생각. '폐쇄하더라도 기술자나 대체에너지원이 필요하다.'라는 경향이다.

아래쪽은 정의감, '바람직한 상'으로 판단을 내린다. '애초부터 원자력은 인간이 완벽하게 제어할 수 없는 것이니 그만두어라.'는 경향이다.

내가 위치한 곳은 좌상의 C이다. 극단적으로 그 이유를 정리해 보겠다.

C의 대중 불신 이유

원전 사고 후 원자력발전소의 설명은 분명 한심하고 믿을 수 없다. 하지만 인간은 누구나 큰 사고를 일으키면 당황해서 우왕좌왕할 수도 있으니 동정은 간다.

그에 비해 공황상태에 빠져 물건 사재기를 해대는 사람들은 이해할 수 없다. 이웃사람들을 밀치고 빵이나 물 등을 사재기 하는 사람들은 정말 싫다.

C가 합리성을 추구하는 이유

원자력발전소를 폐쇄하려면 앞으로 500년부터 1,000년 정도의 시간을 두고 해야 한다. 그를 위해서 이과의 우수한 인재를 키우지 않으면 안 된다.

만일 원자력발전소 가동을 일제히 중단하면 전문가가 줄어들 뿐 아니라 늘어나지 않는다. 취직을 하려는 사람들도 거의 없을 것이다. 따라서 다시 원자력발전소를 재가동시켜 인재를 육성하지 않으면 안 된다.

지금 있는 원자력발전소를 모두 훈련용 시설이라고 생각하고 서서히 가동을 줄여나가는 방법을 고려할 수밖에 없다.

더불어 우리의 에너지를 어디에서 얻을까 하는 문제를 생각하는 것이 중요하다.

즉 나는 공황상태에 빠지기 쉬운 대중에게 불신감을 가지는 동시에 합리적으로 생각하려는 사람이다.

이렇게 먼저 자신의 위치를 명확하게 한다.

◎ 유니버셜 토크 방법

다음으로 자신이 속한 위치인 C 이외의 사람들의 의견을 생각해 본다. '특징', '공감', '재구축'이라는 3단계로 분석해 보겠다.

A '합리적이고 엘리트 불신인 사람'의 특징

데모나 반대운동을 하거나 정보공개를 요구하거나 한다.

C의 A에 대한 공감

'정치가나 관료에게 압력을 가해 전력회사에 원자력발전의 정보공개를 하게 해야 한다는 주장은 이해한다. 불안하기 때문이다. 그 불안을 해소할 필요도 있으며, 향후에 똑같은 일이 일어나지 않는다고 장담할 수 없기 때문이다.

C에서 A에 대한 재구축

'또 똑같은 일이 일어날지 모르기 때문에 일단 현재 권력을 가지고 있는 사람의 손에서 권력을 넘겨받아 우리들이 재조사하는 수밖에 없다. 감시를 게을리한 우리들의 책임도 있기 때문이다.

B '합리적이 아닌 정의감으로 엘리트 불신인 사람'의 특징

'관료는 모두 책임지고 물러나라.', '원자력발전소의 직원은 모두 해고하라.'라고 말하는 사람. 원자력에 대해 혐오감과 같은 사상을 가지고 있는 사람.

C의 B에 대한 공감

'본래 우리나라는 세계유일의 피폭국가인데 어떻게 원자력을 제어할 수 있다고 생각하는 것일까. 분명 원자력발전의 덕분에 생활이 편리해졌지만 사고가 일어난 곳의 수많은 사람들은 아직도 고향에 돌아가지 못하고 있다. 나라를 잃어버린 것과 똑같은 일이고, 지금도 방사능물질이 퍼져서 지구의 환경을 오염시키고 있다. 우리 세대는 물론이고 다음 세대의 아이들, 아무런 죄도 없는 사람들까지 피해를 입는다. 현재의 원자력발전소가 들어선 마을의 이권구조 속에 있는 정치가나 전력회사의 임원들에게는 희망이 없다.

C에서 B에 대한 재구축

'권력자는 일단 은퇴해야 한다. 아니면 책임을 지고 사임하는 수밖에 없다. 구속당할지도 모른다. 그리고 점진적으로 똑같은 사고가 일어나지 않도록 사회를 다시 만들어 나가자.

D '혼란을 싫어하지만 정의감을 가지고 있는 사람'의 특징

반대운동을 하지는 않지만 환경주의 관점에서 탈원전 생활을 하고 에너지를 절약하는 생활을 해야 한다고 생각하고 있다.

C의 D에 대한 공감

'에너지를 절약하는 가정이 늘어나거나, 우리의 인구가 줄어들어 곤란하다는 지적이 있으니 원전을 비롯한 발전설비가 줄어드는 것은 당연한 일이다. 그러나 논점을 잘못 짚어서 찬성, 반대라는 입장에서 대립하고 싸우는 것은 공황상태를 더 부추기는 것과 같다.'

C에서 D에 대한 재구축

'우리들의 생활을 인질로 해서 원전 재가동에 대해 찬성인지 반대인지 싸우는 건 불쾌하다. 대중을 바보로 생각하는 것과 같다. 만일 대중이 바보라면 사고를 일으킨 과학자나 정치가도 똑같이 바보이다. 그런 바보들이 모여 있는 나라니 어려운 기술의 사용은 멈추고 자신들의 책임 범위 내에서 가능한 생활의 규모를 축소해야 한다.'

이와 같이 각각에 대해 공감과 재구축을 한 뒤에 내가 속한 위치를 다시 생각하고 다음과 같이 설명하면 받아들이기 쉽다.

C의 위치에서의 결론

하지만 현재 있는 원전을 일거에 폐쇄할 수 있을까? 우리나라에 있는 몇십 기의 원자력발전소를 완전히 폐쇄하려면 실행할 기술자가 필요하고, 또 보다 선량하고 유능한 사람이 필요하다. 앞으로 원자력발전소를 단계적으로 축소하든 폐쇄하든, 그때마다 위험요소에 대해 제대로 설명하는 사람도 많이 필요하다. 따라서 재가동을 한 후에 정치가나 전력회사에 맡기지 말고 시민들이 지혜를 모아 감시하면서 서서히 해결해가자. 그와 동시에 대체에너지원을 개발하자.

어떠한가? 마지막 C의 결론은 A, B, D 각각의 의견을 재구축한 후에 얻은 결론이다.

유니버설 토크는 내가 생각하고 있는 바를 이야기하는 것이 아니다. 내 생각을 하나의 입장으로써 다른 사람의 생각을 전부 받아들여 결론을 내리는 것이다. 이때, 자신의 처음 의견을 변경하는 유연함과 논리력이 필요하다.

이것이 다음 장의 '전투사고력'이다.

제3장

'대화법'을 무기로 만든다

'전투사고력'의 기어 개념

유니버설 토크는 '전투사고력'으로 완성된다

책의 주제가 '머리 회전이 빠른 사람이 말하는 법'인 것처럼 드디어 제3장부터 그 핵심부분으로 들어간다.

'그럼 제1장, 제2장은 관계가 없다는 말인가!'라고 생각할지 모르지만 '유니버설 토크'를 이해하지 않은 채 머리 회전력을 단련하는 일은 야구 룰을 모른 채 피칭 연습만 하고 있는 것과 같아서 실전에서는 아무 도움이 되지 않는다.

또한 유니버설 토크를 이해했다고 해도 머리 회전력이 없으면 제대로 된 피칭이나 배팅을 하지 못하면서 야구를 하는 것과 같다.

역시 순간적으로 그 상황의 역학관계를 가늠하는 통찰력이나 임기응변으로 대응하는 능력이 없으면 유니버설 토크의 기본인 공감 시스템도 그림의 떡과 마찬가지다.(그림 8)

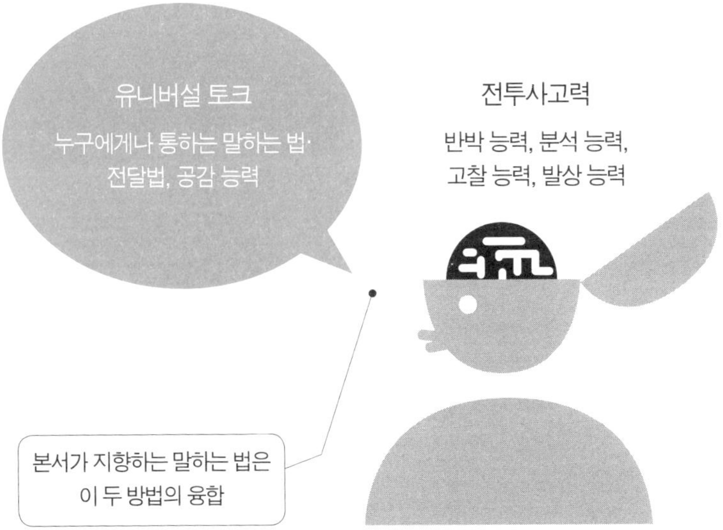

유니버설 토크가 충분히 가능해야 비로소 상황과 상대에 따라
전투사고력이 기능하다. 특히 공감 능력이 없으면 전투사고력은
헛스윙과 같으니 주의.

그림 8 유니버설 토크와 전투사고력의 관계

아무리 뛰어난 무기도 그것을 100% 사용할 수 있는 '완력(腕力)'이 없으면 아무 도움이 되지 않으며, 정기적으로 점검을 하지 않으면 녹이 슨다.

그럼 유니버설 토크에 있어 '완력'이란 무엇일까? 유니버설 토크가 자동차라고 하면 엔진은 무엇일까?

엔진은 바로 '전투사고력'이다.

자세한 내용은 다음 항 이후에 설명하겠지만, 머리 회전을 빠르게 하거나 늦게 하는 즉, 사고 스피드를 올리거나 내려서 그 자리의 분위기를 파악하고 임기응변으로 이야기를 할 수 있는 능력이다.

머리 회전을 컨트롤하는 것이 가능한지 생각할지 모르겠지만 선천적으로 가지고 태어난 재능이나 환경에 따라 개인차는 있어도 단련할 수 있다.

『헌터(HUNTER)×헌터(HUNTER)』에서 탄생한 '전투사고력'

'전투사고력'이란 말이 생소하게 들릴 것이다. 내가 만든 조어이다.

내가 좋아하는 『주간소년 점프』에 수록된 만화 『헌터×헌터』 속에 '전투사고력'이라는 말이 나온다.

주인공 곤을 단련시키는 스승 비스케가 수련 중인 그를 바라보면서 이렇게 중얼거린다.

적을 관찰하고 분석하는 힘
그리고 적을 공략하기 위한 수단을 싸우면서 순간적으로 생각하는 힘
이른바 전투사고력!!
수많은 타입의 적과 싸우지 않으면 안 되는 염(念)에서의 전투…….
거기서 가장 중요한 전투기술은 '사고의 순발력!!'
'어떻게 대처할 것인가'를 몇 갈래로 신속하게 생각하고 취사선택해서
적절한 대처법을 실행에 옮기기까지의 찰라!!
먼저 생각하는 일에 익숙해지고
그것을 반사(反射)로 이르게 하기 위한 끊임없는 훈련!!

전투사고력이란 이른바 사고의 무도(武道)

경험치가 낮은 사람이 전장에서 어떻게 살아남을 수 있는가 하면 싸우면서 생각할 수밖에 없다. 전 축구국가대표 감독이었던 이비차 오심 씨가 '뛰면서 생각하는' 축구를 지향했는데 그와 상통하는 점이 있다.

실제 싸움이 시작되면 '적이 이렇게 공격해올 것이다.' 또는 '이런 기술을 써서.', '이런 약점이 있으니.' 등을 사전에 조사하거나 메모한 것을 보면서 싸울 틈이 전혀 없다. 만약 그렇게 한다면 생각하기 전에 죽게 될 것이다.

그래서 싸우면서 생각하고, 순간적으로 최적의 수순을 머릿속으로 세우지 않으면 안 된다.

이 전투기술을 우리들이 생활하거나 일을 할 때의 '머리 사용법'으로 응용한 것이 전투사고력이다.

전투사고력이란 본래 아이디어를 낼 때나 지금의 나와 같이 글을 쓸 때, 다른 사람과 이야기를 할 때, 상담을 할 때와 같은 대화에도 사용할 수 있는 방법이다.

- 순간 당황해도 재미있는 말을 할 수 있는 사람이 되고 싶은 사람

- 회의나 경쟁에서 존중받는 사람이 되고 싶은 사람
- 자신뿐 아니라 상대도 돋보이게 하는 화술을 배우고 싶은 사람

이런 요구에 부응하기 위해 특화시킨 '사고의 무도'이다.

지금, 나는 이렇게 전투사고력을 사용하고 있다

나는 다양한 강연이나 강의를 하는 경우가 있는데 그때의 질의문답이 전투사고력의 실전 사례라고 할 수 있다.

나는 강연 의뢰가 오면 무엇을 이야기할까에 대해서 최대한 생각하지 않는다. 물론 테마가 정해져 있어서 사전에 간단하게 정리한 요약본은 만들지만 구체적으로 무엇을 이야기할 것인지는 생각하지 않는다. 그렇지만 며칠 전부터 긴장감만은 유지한다.

'긴장을 한다면 미리 준비하면 되지 않는가.'라고 생각할지 모른다.

그러나 사전에 철저하게 준비를 하면 막상 강연에서는 이야기를 재미있게 할 수가 없다.

완벽하게 준비하는 것이 중요하다면 그 내용을 정리한 요약본을 나눠주고 읽게 하면 그만이다.

하지만 강연 등에서는 요약본 내용 이상으로 청중을 즐겁게 하지 않으면 안 된다. 그래서 나는 강연 30분 정도 전까지는 일부러 생각하지 않는다.

30분 전에 가까운 카페에 들어가서 간략하게 적은 요약본을 다시 읽으면서 그것을 어떻게 전개해 나갈 것인가를 여러 방향에서 생각한다. 그리고 그 30분 안에 생각한 것을 순서를 정해 이야기한다.

본래 강연장에 가보지 않으면 어떤 사람이 올지 알 수가 없다. 여성들만 와 있을지도 모르고, 젊은 남자들만 와 있을지도 모른다. 아무리 꼼꼼하게 사전준비를 해도 그 '꼼꼼하게 준비한' 부분은 거의 도움이 되지 않는다.

상대가 누구든, 어떻든 간에 대응할 수 있다

실전에서는 사전준비보다 오히려 '시작하는 법'이 대단히 중요하다.

'시작하는 법'이란 씨름으로 말하면 '샅바 싸움', 강연으로 말하면 사전예고이다. 무엇 때문에 사전예고를 할까?

첫 번째 이유는 대체로 강연에서는 지각을 하는 사람이 있다. 따라서 처음부터 전력으로 이야기를 하면 지각한 사람은 포기하는 것과 같다.

두 번째 이유는 이야기를 할 때, 청중들이 고개를 끄덕거리는 빈도나 몇 초 간격으로 고개를 끄덕거리는가를 가늠하고서 그것이 일정하게 통일되기를 기다리기 위해서이다.

나는 이것을 '전체의 온도를 일정하게 한다.'고 말한다. 온도가 제각각인 상태에서 이야기를 시작하면 실패한다.

본래 강연에서는 앞에서 셋째 열 정도까지 앉은 사람들은 아주 열심히 듣지만 뒤편은 '무슨 말을 하는지 잘 모르겠다.'라는 분위기가 팽배한 경우가 많다. 그것은 모두에 온도를 일정하게 통일시키지 않았기 때문이다.

라쿠고가(落語家, 만담가)가 처음에 마쿠라(枕, 머리말로 하는 짧은 이야기)나 고바나시(小噺 에도를 중심으로 18세기 중반 경에 창작 간행되어 큰 인기를 끌었던 짧은 이야기책)를 하는 것과 같은 이치이다. 바로 객석 전체의 온도를 일정하게 하기 위함이 목적이다. 객석의 온도가 일정해지면 '웬만한' 이야기에도 모두들 손뼉을 치며 재미있어 한다.

이 온도관리가 가능해지면 사람들 앞에서 이야기를 하는 '장사'는 이미 절반은 성공한 것이나 마찬가지다. 시간을 보며 여러 가지 해프닝을 상정하고 반응에 맞춰 이야기를 하면 서로 속성이 다른 청중들을 이야기에 몰입시킬 수 있다. 이것은 매뉴얼과 같은 것으로는 불가능한 일이다.

이처럼 상대가 누구든, 장소가 어디든, 임기응변으로 대응하고 그 자리를 컨트롤할 수 있는 점이 전투사고력의 강점이라고 할 수 있다.

전투사고력을 단련시킨 이야기

지금 되돌아보면 내가 전투사고력을 단련한 것은 가이낙스(애니메이션을 비롯한 영상 콘텐츠 등을 제작하고 판매하는 회사) 시절이었다. 물론 아직 방법화하지 않았고 '전투사고력'이라는 말도 없던 시대였다.

전투사고력은 자신의 이해관계가 첨예하게 대립되는 상황에서 단련되어진다.

가이낙스 시절, 도호도와(東寶東和)나 반다이와 거래를 했는데 함께 프레젠테이션을 한 야마가 히로유키(가이낙스 주식회사 대표이사)는 말이 서툴렀다.

나는 야마가가 쓴 각본을 지켜야 했는데 상대편에서 보면 24~25세가 쓴 각본이어서 거리낌 없이 수정하거나 "잘 좀 만들라!"와 같은 말을 듣고는 했다.

그에 대해 나는 그 자리에서 어떻게 하면 상대를 설득하고 구슬릴까 머리를 쥐어짜내곤 했다.

"내가 지면 영화가 바뀌거나 장면이 잘릴 테니 혼신의 힘을 다해 지키지 않으면 안 된다."

나는 이런 상황 속에서 단련되어졌다.

제5장에서는 전투사고력 단련법을 소개하고 있는데, 역시 가장 빠른 방법은 절대로 양보할 수 없는 것, 목숨을 걸고서 지키고 싶은 것을 위해 논쟁을 하는 것이다.

돈이나 이해득실, 아니면 좋아하는 영화를 지키는 것, 무엇이든 상관이 없다.

이런 상황에서는 누구나 자신도 모르게 뒷걸음질 치게 된다.

그러나 경험 없이는 전투사고력은 키울 수 없다. 앞으로 기회라고 생각하고 자진해서 감수해야 한다. 언제까지나 도망만 다니거나 다른 사람에게 뒤처리를 맡기기만 하면 성장할 수 없다.

웅변대회나 TV의 토론 프로그램의 출연자나 패널 등은 다른 사람이 무슨 말을 하던 자신이 처음에 생각한 결론을 끝까지 관철시키지 않으면 안 되기 때문에 필사적이다.

나의 가이낙스 시절과 똑같다. 꼭 한 번 그들이 말하는 것을 참고로 하길 바란다.

왜 시마다 신스케(개그맨)는 반박 능력이 뛰어날까?

버라이어티에서 활약하는 개그맨들은 모두 이 '전투사고력'이 뛰어나다.

예전, 시마다 신스케 씨가 반도 에이지 씨와의 대담에서 재미있는 말을 했다.

반도 씨가 신스케 씨에게 "당신은 왜 그렇게 말을 잘하나?", "어떻게 그렇게 반박을 잘하나?"라고 물어본 적이 있었다.

그때, 신스케 씨는 "흠, 내 딸도 잘하는데……."라고 운을 뗀 후에 다음과 같이 말했다.

"그런데 얼마 전 딸아이가 어리석은 대답을 해서 혼을 냈다. 적당한 대답이 떠오른 순간 바로 대답하니 안 되는 것이다. 항상 어떻게 대답할지 몇 가지를 생각해야 한다. 그중에서 상황, 상대의 기분, 자신의 입장, 상대가 원하는 점을 재빨리 생각해서 10가지 정도 중에서 '선택'하기를 의식해야 한다. 선택하고 있는 한 미스는 줄어들고 미스를 했다고 해도 나중에 반성도 할 수 있다. 선택하지 않고 떠오른 것을 말하지 마라!"

대단하지 않은가?

보통의 가정에서는 생각할 수 없는 개그맨 특유의 에피소드이다.

애초에 이런 초인적인 일이 정말 가능한지 의문이 들지만, 분명 신스케 씨는 그것을 실천하고 있는 듯하다.

신스케 씨의 개그 수첩이랄까, 노트를 본 적이 있는데 그 내용이 정말 대단하다.

"그때, 이렇게 반박했어야 했다."라는 반성이나 "이런 식으로 맞받아쳤으면 어떻게 전개됐을까?"라는 시뮬레이션이 빼곡하게 적혀 있었다.

바둑기사가 10수, 20수, 30수 앞을 내다보면서 돌을 놓는 감각으로 항상 신스케 씨는 말을 하고 있었다.

머리 회전이 빠르다고 머리가 좋은 것은 아니다

신스케 씨의 방법으로 단련되는 것은 단순한 '맞받아치거나 반박하는 능력'이다.

적어도 토론이나 논쟁과 같은 경우에는 이길 수 있으며, 대담이라면 상대를 잘 구슬려서 자신이 생각하는 방향으로 이끌어갈 수 있다.

그러나 무언가를 생산해내거나 문제를 해결할 수 있는가 하는 것은 별개의 문제이다.

내가 체계화한 전투사고력이란 '반박 능력'에 '분석 능력', '사고 능력', '고찰 능력', '발상 능력' 등을 가미한 것이다.

'분석 능력'은 복잡한 상황이나 요령이 없는 복수의 설명을 정리해서 논리적으로 재정립하는 능력이다.

'사고 능력'은 설명이나 상황의 이면, 즉 '상대의 감정이나 프라이드', '이면에 감춰져 있는 득실 계산'을 읽어내는 능력이다.

'발상 능력'은 미크로와 매크로의 두 시점 등을 구사해서 대답에 관한 몇 개의 안을 각각의 이해관계자 별로 생각하는 능력이다.

내가 가이낙스 시절에 단련한 전투사고력은 '반박 능력'에 특화된 것이었다. 참고로 '반박 능력'이 뛰어난 사람으로 하시모토 도오루 오사카 시장이 있다.

그 사람에 대한 평가는 갈리지만, 반박하는 방법이 대단히 뛰어난 만큼 상대를 하는 일은 피곤하고 성가시다. 건설적인 이야기를 할 수 없다.

능력이 뛰어난 증권맨이나 시스템 엔지니어, 세미나 강사, 카운슬러와 같은 사람이 업무의 긴장감에서 벗어나지 못한 채 집으로 돌아오면 아내의 말을 제대로 듣지 못한다는 이야기를 들은 적이 있지 않은가?

"오카다 씨의 남편은 45세인데 정리해고당한 것 같아요. 학부모 모임에서 화제에 올랐는데 오카다 씨의 아들이 우리 아이와 동급생이잖아요? 공립이라면 몰라도 사립인데, 이번 수학여행은 해외로 가는데……."

이런 식으로 아내가 그날 있었던 일을 이야기한다.

그러면 머리 회전이 빠른 남편은 그만 '그래서 나보고 어떻게 하라고? 내가 오카다 씨 남편에게 직장을 소개하면 되나? 그거라면 지금 우리 계열사에서 사무원을 모집하니 소개할까? 그 말이 아니야? 그럼 요점을 정리해서 다시 말해 봐.'라며 재촉하면 아내는 '아니 됐어요. 당신하곤 말이 안 통해요.'라며 대화가 끊긴다.

나도 흔히 범하는 일인데 이것은 좋지 않다.

머리 회전이 빠르다는 것을 머리가 좋다는 말로 착각하는 사람이 많은데 머리 회전이 빠른 것만으로 문제해결에는 아무런 도움이 되지 않는다.

전투사고력을 형성하는 3가지 요소

전투사고력에서 '사고력의 강함'이란 무엇일까? 나는 이에 대해 생각할 때, 다른 무언가로 바꿔서 생각한다.

① 파워 있는 엔진

② 생각대로 움직이는 조작판

③ 튼튼한 프레임

사람에 따라서는 스타일, 마력, 최고속도라고 하는 분도 있겠지만 필시 자동차 회사의 사람들에게 물어보면 이 ①~③이라고 대답할 것이다.

컴퓨터로 말하면 '파워 있는 엔진'에 해당하는 것이 '파워 있는 CPU', '생각대로 움직이는 조작판'은 '조작하기 쉬운 인터페이스', '튼튼한 프레임'은 '심플하고 구조가 튼튼한 OS'이다.

즉 자동차나 컴퓨터에 국한하지 않고 가전제품이든 무엇이든 모든 뛰어난 도구에 공통된 점은 '파워', '간편한 조작', '튼튼함' 이 세 가지 요소이다.

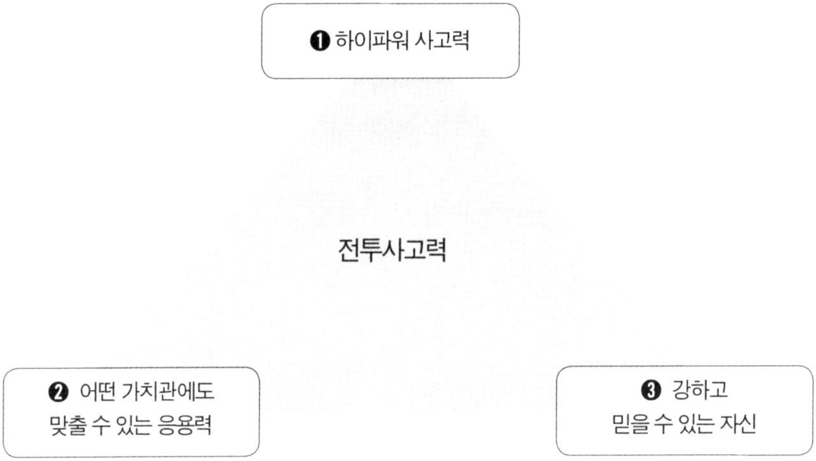

그림 9 전투사고력의 구성 요소

전투사고력도 이와 마찬가지로 '사고의 파워', '사고의 간편한 조작', '사고의 튼튼함'을 갖춰야 발휘할 수 있는 능력이다.

달리 말하면

① 하이파워 사고력

② 어떤 가치관에도 맞출 수 있는 응용력

③ 강하고 믿을 수 있는 자신

전투사고력은 이 세 가지로 이루어져 있다.(그림 9)

기어의 개념 | ① 하이파워 사고력

그럼 전투사고력에서 '하이파워 사고력'이란 무엇일까?

전투사고력에서는 톱, 미들, 로우라고 하는 세 개의 기어 개념을 제시하고 있다.

기어란 자동차의 톱니바퀴 회전수를 컨트롤하는 변속장치를 말한다. 자동차뿐 아니라 고급 자전거나 산악자전거에도 달려 있다.

기어는 크게 나누면 톱 기어(高), 미들 기어(中), 로우 기어(低), 세 개가 있다.(그림 10)

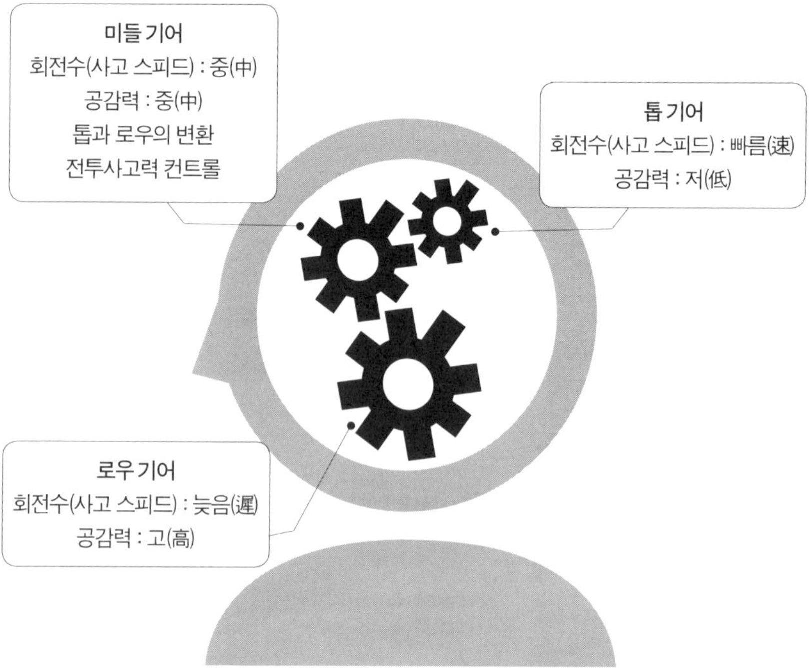

그림 10 전투사고력의 기어 개념도

톱은 빠르고 로우는 느리고, 미들은 중간 정도이다.

어느 정도 속도로 톱니바퀴가 회전하고 있는가, 즉 어느 정도의 속도를 내고 있는가와 같다고 생각해야 한다.

기어를 올리면 톱니바퀴가 빠르게 회전해서 스피드가 올라가지만 힘은 다소 약해진다. 반대로 기어를 내리면 톱니바퀴는 천천히 회전해서 스피드가 떨어지지만 힘은 강해진다. 고속도로를 달릴 때는 톱 기어를 사용하지만 진탕에서 탈출할 때는 로우 기어를 사용한다.

이것은 기계공학적인 사고방식이어서 익숙하지 않은 사람은 이해하기 어려울지 모른다.

이 기어 개념이 '하이파워 사고력'이다.

■ 톱 기어란 무엇인가?

톱 기어는 머리 회전수를 빠르게 하는 것이다. 아마 당신이 가장 원하는 것은 이 톱 기어 능력일 듯하다.

시험 삼아 다음 질문에 20초 이내로 대답해 보자.

문제 : 라면에 '어육'을 얹는 이유에는 세 가지가 있다. 대답해 보자.

정답은, 실은 정답이 있을 리 없다. 이 문제는 정답을 말하는 것보다 20초 이내에 세 가지 이유를 답할 수 있는가, 하는 점을 알아보는 데 진의가 있다.

이런 아무래도 좋은 질문이라도 20초 안에 세 가지 이유를 답하려면 대답을 하면서 생각해야 하는데 상당히 어려운 일이다.

머리를 최고속도로 회전시킬 때는 상대에 대한 배려와 공감력이 다소 희박해진다. 자신이 말하고 있는 것이 정말 옳은지 어떤가 하는 자기검증도 다소 약해진다.

단, 정확성이나 대답의 신뢰성은 낮지만 대답(아웃풋)까지의 스피드를 중시한 머리의 사용법이 바로 전투사고력에서 말하는 톱 기어이다.

즉 어떤 질문을 받았을 때 즉시 대답할 수 있다. 이것은 부끄러움을 무릅쓰고 단련하는 방법밖에 없다.

■ 로우 기어란 무엇인가?

에비스 요시카즈 씨는 수다쟁이 이미지는 전혀 없음에도 TV에 나오면 그 자리의 분위기를 단숨에 사로잡는다.

나는 TV 카메라가 없는 곳에서 에비스 씨와 이야기를 나눈 적이 있는데 TV에서 볼 때보다 아주 조금이지만 템포가 좋다. TV에서는 일부러 조금 천천히 말을 하는 인상을 받았다. 이는 상대의 페이스에 말려들지 않기 위해서 일 것이다.

에비스 씨의 경우는 로우 기어가 강하다. 주위에서 개그맨들이 아무리 빠르게 말을 해도 자기 특유의 느긋한 회전속도에 충실하기 때문에 의표를 찌를 타이밍에서 말을 하거나 시청자를 웃기거나 속을 후련하게 해준다.

에비스 씨 스스로도 인터뷰 기사에서 다음과 같이 말을 했다.

> "분위기는 꽤 파악하고 있다고 생각합니다. 단지 그 분위기를 바꾸고 싶을 때에 좀 이상한 말을 하거나 합니다." –「가탓데 이이도모! 제8회 게스트 에비스 요시카즈」 슈프레NEWS

이것이 로우 기어를 가지고 있는 사람의 특징이다.

■ 미들 기어란 무엇인가?

미들 기어란 말 그대로 톱과 로우의 중간으로 자신의 의견도 확실하게 전하고 상대의 의견도 확실하게 듣는 '표준 속도'이다.

이것은 릴랙스 상태에서 무언가를 생각할 때의 사고속도라고 생각하면 된다. 평소의 생활 속에서 다음 날 업무 일정에 대해 생각할 때가 미들이다.

깊이 생각하는 것이 아니라 그렇다고 해서 즉흥 만담이나 콩트처럼 우스갯소리나 농담을 계속 하는 것과 같은 머리 사용법이 아니다.

소위 자신의 머리 회전 속도가 기준이 되어 톱과 로우 사이에 있는 것으로 기어를 톱으로 1단 올리는 감각과 로우로 1단 내리는 감각을 의식할 수 있기 때문에 전투사고력을 컨트롤하기가 쉽다.

톱, 미들, 로우, 각각의 기어를 단적으로 정리하면 다음과 같다.

- 톱 기어 : 머리 회전수(사고 스피드)는 빠르지만 공감력이 낮다
- 미들 기어 : 머리 회전수(사고 스피드)와 공감력이 중간 정도
- 로우 기어 : 머리 회전수(사고 스피드)는 늦지만 공감력이 강하다

머리 회전이 빠른 사람은 중량감이 없다

우리들은 흔히 '나는 머리 회전이 둔하니 말을 빠르게 해야 한다.' 고 생각하는 경향이 있는데, 앞에서 설명한 바와 같이 스피드가 올라가면 기지(機智)가 있을지 모르지만 생각하는 힘은 약해진다.

나도 신경을 많이 쓰고 있는데, 니코니코 생방송에서 댓글을 읽으면서 이야기를 하면 생각이 점점 얕아져버린다.

톱 기어로 임해야 하는 댓글에 대응을 하다 보면 철야를 한 것처럼 지쳐버린다. 몸은 피곤한데 머릿속은 쌩쌩 돌아가고 있는 듯한 상태다. 나는 니코니코 생방송에 출연한 날 밤에는 흥분해서 좀처럼 잠들지 못한다.

한편, 경우에 따라서 요약본을 들고 댓글을 읽으면서 이야기를 해야 하는 경우도 있는데, 그때에는 몇 번이고 톱과 로우로 변속을 하지 않으면 안 되기 때문에 머리와 몸의 피로감은 극히 달한다.

자동차는 타이어를 빠르게 돌리면 저속발진이 어렵거나 천천히 물건을 끄는 파워를 내기 어려운 대신 빨리 달릴 수 있다.

파워와 속도는 어느 한쪽을 희생하는 상대적 요소이기 때문에 종종 머리 회전이 빠른 사람은 중량감이 부족하다.

다른 사람의 이야기를 듣기 위해서는 머리를 지나치게 빠르게 하면 안 된다.

가령 민속학 연구나 전쟁을 체험한 사람을 추적하는 다큐멘터리 영화의 취재를 상상해 보자. 할아버지나 할머니의 이야기를 들은 적이 있는 사람은 잘 알겠지만, 듣는 쪽일 때에 머리 회전을 빠르게 하면 '그건 이런 말씀이지요?', '그렇군요.' 하고 영업사원처럼 맞장구를 치게 된다.

그러면 상대는 말하는 것이 귀찮아져서 '아, 그렇습니다.'라고 예스나 노로 대답할 수밖에 없다. 결국, 상대가 이야기하려고 했던 말을 들을 수 없게 된다.

미들과 로우가 있어야 톱이 빛난다

여기에서 필요한 것은 상대의 이야기를 들을 때에는 저속이어도 좋으니 강한 회전, 즉 공감력을 강하게 해야 한다.

머리 회전은 빠르지 않아도 괜찮다. 상대가 무슨 말을 하고 있는지, 다음에 무엇을 물어볼지 빨리 계산하지 않아도 좋으니 상대의 기분을 이해할 수 있을 때까지 철저하게 들은 후에 되묻는다. 평범한 볼에는 강속구가 아닌 똑같은 스피드의 볼로 되돌려주는 것이다.

이와 같이 '머리 기어를 내릴 수 있는가'가 커뮤니케이션에서는 대단히 중요하다.

전투사고력에는 톱뿐 아니라 미들과 로우가 있다. 이것들을 병용한다는 점에서 다른 사고법과는 전혀 다르다고 할 수 있다.

앞에서 말한 바와 같이 하시모토 도오루 오사카 시장은 톱 기어가 대단히 높은 사람이다. 필시 본래 머리가 좋고 거기에다 사고의 회전속도가 요구되는 변호사나 정치가라는 일을 해왔던 탓에 그는 일본 유수의 톱 기어의 소유자가 되었다.

단 그 대가로 로우가 약해져버렸다. 그래서 하시모토 시장이 쓴 책이 적은 것이다. 책을 쓰는 데에는 바로 이 로우 기어가 중요하다.

■ 로우 기어 사용법

로우 기어란 생각의 스피드를 일부러 천천히 하는 것이다.

늘 자신이 하고 있는 말을 스스로 의심하고, 이야기를 멈추고, 상대의 이야기를 충실하게 들어준다.

가령 상대의 이야기를 들을 때, 바로 반박하고 싶어지는 경우가 있는데 이것은 기어를 톱에 놓은 채 이야기를 듣기 때문이다. 그래서 상대의 이야기를 들을 때는 기어를 로우에 놓고 회전속도를 느리게 한다.

이것은 머리를 나쁘게 한다는 의미가 아니라 상대가 하고 있는 말을 꼼꼼하게 음미한다는 말이다. 유니버설 토크에서 말하는 공감의 질을 높여주는 속도이다.

내가 로우 기어를 사용하는 것은, 예를 들어 강연의 질의 코너에서 '질문 없습니까?' 하고 묻고 손을 든 사람이 말을 시작하는 때이다. 그때, 절대로 톱 기어 상태이면 안 된다.

톱 기어 상태라면 상대의 첫 번째 말에 대해 '그건 OO 때문입니다!'라고 사전에 준비해놓거나, 강연에서 매번 사용하는 '틀에 박힌 대답'을 바로 하게 된다.

이것은 금물이다.

'질문하는 사람이 왜 그런 것을 묻고 싶어 할까?'에 대해 말뿐 아니라 음성이나 표정, 나이, 겉모습, 복장으로 추측한다. 이것이 로우 기어의 사용법이다. 머리 회전을 천천히 하고 대화를 나누는 속도를 떨어뜨린다.

사람들 앞에서 말하는 것이 직업이 아닌 보통 사람들은 강연에서 손을 들고 질문을 하더라도 정말로 자신이 묻고 싶은 것을 제대로 묻지 못하는 경우가 많다.

일단 '물어보고 싶다.'는 의사가 있기 때문에 먼저 손을 들고, 강사의 지목을 받고서야 말을 시작한다. 따라서 말을 하는 도중에 자신이 묻고 싶은 것이 무엇인지 점차 명확해진다. 그러면 처음에 물어본 것과 현재 자신이 말하고 있는 데에 모순이 생겨서 마지막에는 질문이 뒤죽박죽으로 끝나는 사례는 흔히 있는 패턴이다.

그렇지만 그 사람의 이야기를 주의 깊게 들으면 정말로 묻고 싶은 것이 무엇인지, 말의 중간에 얼핏얼핏 나타난다.

혹은 그 사람이 질문을 하는 중간에 모든 청중이 '아, 저건 나도 묻고 싶었던 것이다.'라고 반응한 부분에 대해 대답을 한다.

■ 먼저 단련할 것은 로우 기어

'전투사고력'을 향상시키기 위해 먼저 로우 기어를 단련해야 한다.

왜냐하면 세상에는 머리 회전속도를 올리기 위한 방법은 얼마든지 있기 때문이다.

일단 다른 사람과 이야기를 하면 머리 회전속도는 제멋대로 점점 올라간다. 하지만 머리 회전수를 일부러 내리고 강함을 올리는 것에 대해서는 아무도 언급하지 않는다.

예를 들어 80페이지의 칼럼에서 다룬 '원전 재가동에 찬성? 반대?'라는 질문이 있다고 하면, 사고를 톱 기어에 놓고 바로 찬성인지 반대인지 대답하려고 한다.

TV의 뉴스 프로그램 등에서 사회자가 던진 질문에 대해 패널이 '우리나라는 OO해야 합니다!'라고 재빨리 대답을 하곤 하는데, 이는 분명 도드라져 보이고 시청자들은 그런 코멘트 능력을 갖고 싶다고 생각하게 만든다.

그러나 그 문제에 관해 2년이든 3년이든 오랜 시간 생각하고, 끈질기게 생각하는 힘에 대해서는 아무도 고려하거나 향상시키려 하지 않는다. 그래서 좀처럼 머리가 좋아지지 않는 것이다.

실은 나도 평소에 줄곧 생각하고 있는 테마가 10개 정도 있다.

'민주주의는 정치의 최종 해답일까?'

'앞으로 가족이나 연애는 어떻게 될까?'

이러한 '바로 대답할 수 없는 테마'는 계속 생각하는 것이 바람직하다. 곧장 대답하려 하기 때문에 '고민'한다. 고민은 사람을 약하게 만들고 사고의 체력을 빼앗는다.

기한 없이 계속 생각하는 복수의 테마를 가지고 있음으로 해서 사고력은 지속적으로 강해진다.

표층적인 지식이나 잔재주를 익히는 일은 간단하지만 어떤 사안의 본질을 깊이 탐구하는 일은 시간이 너무 많이 걸리고 논리력도 요구되기 때문에 머리도 단련할 수 있다.

말수의 컨트롤 | ② 어떤 가치관에도 맞출 수 있는 응용력

다음은 전투사고력의 조작판이다.

자신이 말을 잘하는 사람이라고 자각하고 있는 사람보다 서툴다고 자각하고 있는 사람이 많지 않은가?

나는 비교적 말을 잘하는 편이다.

그럼에도 나보다 말을 잘하는 사람을 보면 '저렇게 말을 잘하면 편리하겠군.' 또는 '제길.' 하고 분하게 여겨진다. 그래서 자신이 말이 서툴다고 생각하는 사람은 그것을 느끼는 기회가 많다고 생각한다.

또는 말이 많으면서 말이 서툰 사람도 많다. 일방적으로 말을 너무 많이 해서 상대방을 질리게 하거나 말실수를 해서 상대에게 상처를 입히는 사람이다. 이런 사람은 자신이 말이 서툰 게 아니라 오히려 말을 잘한다고 착각하고 있는 사람인데, 당신은 어떤가?

어느 쪽이든 기본적으로 자신이 말이 서툴다고 생각하는 사람은 다음의 2가지에 주의를 해야 한다.

■ 말수가 적은 사람

이 책의 독자 절반 정도는 어느 쪽인가 하면 사람들 앞에서 말을 잘 못 하고 말수가 적은 경향인 사람일 것이다.

그런 사람은 생각하고 있는 것을 평소의 4배 정도 많이 말하도록 해야 한다.

다트를 연상해보자. 초보자가 한 번에 표적 한가운데를 맞추는 일은 무리이다. 하지만 10번, 20번을 던지면 표적의 꽤 가까운 곳을 맞힐 수 있다. 화살의 수, 즉 말수를 늘려 보자.

당연히 쉬운 일은 아니다.

왜 말수가 적어지는가 하면 지나치게 정확한 단어를 사용하려 하기 때문이다. 분명하게 전달했는가, 혹은 상대가 올바르게 이해할 수 있는 단어를 먼저 생각하려 하기 때문에 뇌의 용량을 많이 사용한다.

이런 사람은 단어에 민감하고 내가 아는 한 문학적인 사람이 많다.

그런 사람은 평소의 4배 정도 많이 말을 하고, 데생이나 스케치에서 선을 많이 그리는 것처럼 '이럴지도 모른다.', '저럴지도 모른다.', '역시 이럴지도 모른다.'라는 식으로 말을 많이 해야 한다.

만화의 '선 따기'처럼 단숨에 실선을 그리려 하면 잘되지 않는다. 망쳐도 괜찮으니 몇 번이고 선을 따라 그리면 정밀도가 향상되고 설사 말의 내용이 지리멸렬해도 상대는 그 의미를 가늠해준다.

내 강연 테이프를 나중에 읽어 보면 나는 꽤나 어휘력이 부족하고 모순된 말을 하기도 한다. 그러나 앙케트 결과를 보면 청중의 만족도는 대단히 높다.

즉 청중은 다소 이야기가 혼란스럽더라도 신경 쓰지 않고 그 의미를 가늠해서 이해하고 있다.

상대를 신뢰해야 한다. 말을 많이 하면 상대가 자신의 마음대로 그 의미를 가늠하고, 그것이 전달되었을 때는 그 기쁨은 이루 말할 수 없을 만큼 크니 반드시 실천해 보자.

■ 말수가 너무 많은 사람

반대로 나처럼 말수가 많은 사람은 평소의 10분의 1만 발언하도록 의식해야 한다.

말수가 많은 사람은 다양한 말로 설명하려는 나머지 지나치게 비유적인 이야기로 흘러간다.

앞에서 내가 사용한 비유로 말하자면 자동차나 컴퓨터 정도가 한계이다. 거기서 더 나아가 예가 늘어날수록 '무엇에 대해서 말을 하고 있었지?', '왜 이런 이야기를 하게 됐지?'라는 상황에 빠진다. 재미있는 표현은 좋지만 내용을 전달하기 어려워진다.

또 말이 많은 사람은 대체로 '그거 나도 들었어.'라고 똑같은 말을 반복하곤 하는데 상대는 '그만 좀 하지.'라고 진저리를 친다.

평소에 생각하는 것을 1/3이나 1/4로 줄여도 여전히 부족하다. 반복해서 하는 말이지만 10개 중에서 1개를 선택하는 것처럼 음미하도록 해보자.

"상황, 상대의 흥분 상태, 자신의 입장, 원하는 것을 재빨리 생각해서 10개 중에서 '선택'하도록 의식해야 한다."

이것은 3장에서 소개한 신스케 씨가 딸에게 한 말이다. 즉 10개 정도의 대답을 생각해서 그중에 하나를 답하라고 했다. 반대로 말하면 생각이 떠올라도 9/10은 잠자코 있으라는 것이다.

말수가 적은 사람은 평소의 4배 정도 말을 많이 하고, 말수가 많은 사람은 평소의 1/10만 말해서 자신의 말수를 컨트롤해 보자.

말수를 늘리고 줄이는 것은 '상대가 말하고 싶은 것'과 '자신이 말하고 싶은 것'을 조정하기 위함이다.

이것이 전투사고력의 '어떤 가치관에도 맞출 수 있는 응용력'이다.

자신의 올바름과 상대를 보호하는 책임감 | ③ 강하고 믿을 수 있는 자신

마지막으로 전투사고력의 강함, 강함을 나타내는 '강하고 믿을 수 있는 자신'에 대해서 설명하겠다.

먼저 자신에 대해 '옳다.'고 믿고 의심하지 않는 것이 전제이다.

독선적으로 느낄지 모르지만 독선과는 다르다. 타인에게 의지하려고 하거나 흔들리지 않기 위해 머리부터 발끝까지 관통하는 하나의 중심축이 필요하다.

이것은 사고를 할 때 중요하다.

왜냐하면 결국 모두의 생각도 잘못된 것이기 때문이다. 자신감이 있어 보이는 사람이나 옳은 말을 하는 듯 보이는 사람이란 모두 그 자리의 분위기나 상황에 편승하고 있을 뿐이다.

그러나 무슨 말을 들어도 아무렇지 않은 듯 가장하고 있기 때문에 잘못된 것처럼 보이지 않는다.

나는 세상을 어떻게 보고 있는가 하면, 나 이외의 인간을 개나 돼지처럼 보고 있다. 듣기 거북한 말이지만 사실이다.

'인간은 나 혼자. 개를 괴롭혀도 아무 소용없으니 잘 키워주자. 벌레들의 평화도 지키지 않으면 안 된다.'라고 생각함으로써 자신의 주체가 명확해진다. 내 경우는 이렇게 자신의 주체를 중심에 두지 않으면 흔들린다.

흔히 무대감독이 긴장하고 있는 배우에게 '관객을 가지나 호박으로 생각하라.'고 하는데 내 경우와 똑같은 말이다.

관객을 깔보는 것이 아니다. '무대에 있는 자신들만 인간이고 그 외의 존재는 외계생물이다.'라고 의식을 강하게 갖지 않으면 무서워서 많은 관객들이 앞에 있는 무대에 설 수가 없다.

물론 독선적으로 변하면 실패이다. 중심축이 흔들리지 않아야 비로소 양보할 수 있는 것이 보이며 사과도 할 수 있기 때문이다.

착각을 하고 있는 사람은 자기주장을 고집하거나 상대를 말로 이기려고 한다. 그 사이에 전투사고력의 톱 · 미들 · 로우 기어와 표현력이 헛돈다.

따라서 자신을 제어하고 상대를 보호해준다는 의미의 강함을 지닌 자기 자신이 중요하다.

| 칼럼 |

말수가 적은 사람, 말수가 너무 많은 사람이 주의해야 할 말하는 법

'자신의 말수를 상황에 맞게 컨트롤한다.'

말은 간단하지만 실제로는 대단히 어려운 일이다.

가령 말수가 적은 사람이 말을 많이 하는 것이 어려운 이유는 쉽게 상상할 수 있다. 하지만 말이 많은 사람이 말수를 줄이면서 내용을 함축적으로 말하거나 상대에게 맞추는 일도 정말 어려운 일이다.

각각의 약점을 극복하기 위한 간단한 훈련을 아래에 정리했다.

■ 말수가 적은(로우 기어가 약한) 사람이 취해야 할 말하는 법

톱 기어가 서툰 사람은 평소의 4배를 이야기하라고 했는데 무조건 말을 하는 수밖에 없다. 다음 사항을 의식해서 대화에 임해 보자.

❶ 순발력을 키우기 위해 주어진 테마에 대해 계속 대답한다

테마는 무엇이든 상관없다. '1초라도 빨리 말을 하고, 한 마디라도 더 많이 말하는 것'을 목표로 계속 말을 해보자.

예를 들어 좋아하는 책, 좋아하는 TV 프로, 좋아하는 음식……. 그리고 좋아하는 이유까지 이야기한다. 혹은 전날 마음에 남아 있는 일, 잊을 수 없는 친구와의 추억, 올해의 목표도 좋다.

말하는 법을 훈련 중이라고 설명을 하고 가족이나 친구의 도움을 받으면서 실천해 보자.

❷ 프랑스식 '이유는 세 가지이다.' 법을 사용해서 말한다

질문받은 것에 대해 '그것은 OO입니다. 왜냐하면 이유는 3개 있습니다.'라고 대답하고 첫 번째 이유를 말하면서 두 번째, 세 번째 이유를 생각한다.

두 번째 이유를 말한 시점에서 세 번째, 네 번째, 다섯 번째…… 이유를 생각하는 경우는 남은 전부를 세 번째에 포함시켜 정리하는 것이

비결이다.

❸ 데생법

깔끔한 결론이 나오지 않는 경우에도 데생이나 스케치에서 선을 그리는 것처럼 조금 어긋나 있더라도 가능한 근사치가 높은 단어를 몇 번이고 반복하듯 말해 본다.

말을 많이 하면 상대가 그중에서 근사치의 의미를 선택한다.

■ 말수가 너무 많은(톱 기어만 사용하는) 사람이 취해야 할 말하는 법

로우 기어로 말하는 메리트는 상대의 기분을 잘 알게 된다는 점이다. 그러면 신기하게도 상대도 자신의 마음에 공감해주는 경우가 많아진다. 로우 기어를 만드는 법의 기본은 대화에 있다. 먼저 상대의 말을 잘 듣고, 생각하는 바를 추측하고, 상대의 마음에 공감하는 것이다.

일방적으로 말을 하면 절대로 그런 일은 일어나지 않는다. 평소의 1/10 정도만 말하도록 유의해야 한다.

❶ 상대의 말을 끊지 않는다

상대가 말을 하고 있을 때, 지레짐작해서 '그러니까 당신이 하고 싶은 말은 OO이군요.'라고 요약하거나 말을 끊지 말고 '알 것 같아~.'라며 수용 · 공감한다. (카운슬링에서 말하는 경청)

❷ 구체적으로 공감한다

'알 것 같아~.'라고 말하면서 그 내용과 비슷한 체험 등을 찾아내서 이야기한다. 가능한 '자신의 체험담'을 이야기해야 한다. 단순한 맞장구보다 효과는 100배이다.

❸ 상대가 마음을 열면 더 잘 듣는다

❶ ❷의 단계를 밟으면 상대는 마음을 열고 정말로 들어주길 바라는 이야기를 하게 된다. 이렇게 되면 대성공. 방심하지 말고, 상대의 말을 끊지 말고, 공감하면서 계속 들어야 한다.

물론 말수가 많은 사람이 톱 기어 훈련을 하거나 말수가 적은 사람이 로우 기어 훈련을 해도 효과적이다. 장점을 더 발전시킬 수 있기 때문이다. 오히려 잘하는 부분의 훈련이 더 재미있을지 모르겠다.

제4장

최적의 해법을 찾아내는 대화법

'유니버설 토크'×'전투사고력'

유니버설 토크는 전투사고력의 상위개념

평소에 생각할 때는 미들. 다른 사람과 이야기할 때, 상대의 말을 들어야 할 때는 기어를 로우에 놓는다.

그리고 드디어 프레젠테이션 현장이나 좋아하는 사람에게 자신의 마음을 전할 때는 미들, 로우, 톱, 세 개의 기어를 의식해서 변환한다. 이것이 전투사고력의 핵심을 이루는 사고법이다. 그 후에 어떤 가치관에도 맞출 수 있는 응용력, 강하고 믿을 수 있는 자신이 필요하다.

앞장에서는 전투사고력의 근본적인 사고방식을 설명했는데, 이렇게 말하면 종종 '무조건 나를 책망하는 사람에게 제대로 맞받아치고 싶으니 전투사고력을 배우고 싶다.'거나 '논리정연하게 말하고 싶은데 어떻게 하면 좋을지 모르겠다. 전투사고력을 단련하는 법을 가르쳐달라.'라는 말을 듣는다.

분명 그런 요구에 대해 전투사고력은 도움이 된다. 단련할수록 반격이나 반박이 능숙해진다. 그러나 그것은 전투사고력의 부분적인 테크닉에 지나지 않는다.

앞장에서 설명한 바와 같이 전투사고력이란 '반박 능력'에 '분석 능력', '고찰 능력', '발상 능력' 등을 가미한 것이다.

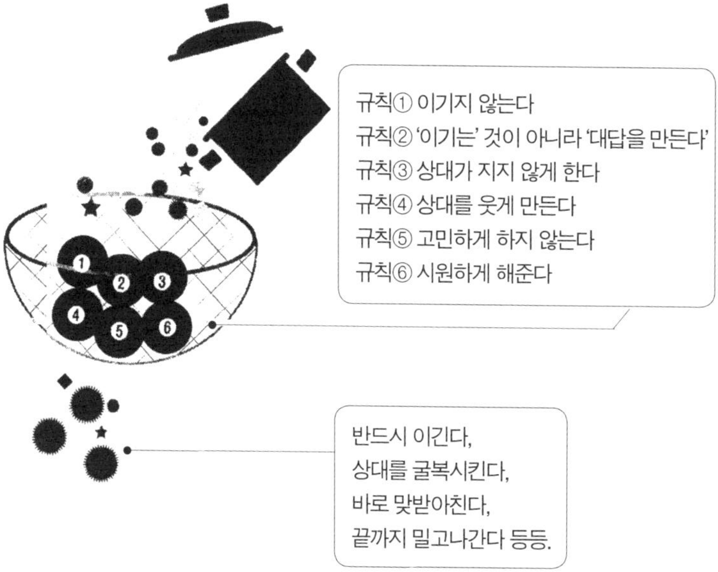

전투사고력의 다양한 요소를 포함한 스프를 유니버설 토크라는 자루 속에서
취사선택하면 위의 6가지 규칙이 남는다.

그림 11 유니버설 토크를 지향하는 전투사고력의 6가지 사용 규칙

애초에 상대를 말로 굴복시키려 하면 1장과 2장에서 상대에 대한 공감을 기본으로 한 유니버설 토크를 배운 의미가 없다. 유니버

설 토크는 전투사고력의 상위개념이라는 사실을 잊어서는 안 된다.

그래서 나는 당신이 이 책을 통해 유니버설 토크와 결합한 전투사고력의 입체적이고 건설적인 이용법을 익히길 바란다.(그림 11)

그런 후에 전투사고력을 사용할 때의 규칙을 다음과 같이 명확하게 해두고자 한다.

규칙① 이기지 않는다

규칙② '이기는' 것이 아니라 '대답을 만든다'

규칙③ 상대가 지지 않게 한다

규칙④ 상대를 웃게 만든다

규칙⑤ 고민하게 하지 않는다

규칙⑥ 시원하게 해준다

각각의 규칙에 대해 설명을 하겠다.

상대는 비록 이겨도 용서하지 않는다
〈규칙① 이기지 않는다〉

전투사고력의 첫 번째 규칙은 '이기지 않는다.'이다. 상대를 굴복시키려 하지 않는 것이 목표다.

반박을 하고 싶은 그 마음은 잘 알고 있다.

나 역시 반박을 하고 싶은 경우가 다반사이다. 그러나 대부분의 경우, 반박을 해도 상황은 좋아지지 않는다. 실제로 아무리 멋지게 반박했다고 해도 그 후에 잘된 예가 없다.

왜일까? 만일 상대를 굴복시킨다면 그 순간은 자기만족을 느낄지 모른다. 하지만 굴복당한 상대는 보통 순순히 '졌습니다.'라고 인정하지 않는다.

반대로 그때까지 의논한 전제를 뒤엎고 말도 되지 않는 주장을 하거나 불평불만을 늘어놓아서 결국 일이 제대로 풀리지 않는다.

본래 '이기려는' 생각은 유니버설 토크의 '누구에게나 통하는 말하는 법 · 전달법'과는 완전히 다른 방향의 벡터이다.

적대해도 협력한다
〈규칙② 이기는 것이 아니라 '대답을 만든다.'〉

대화에서 '이기지 않는다.'면 무엇을 지향해야 할까?

나는 '이기는' 것이 아니라 '대답 만들기'를 의식한다. 이야기를 하고 있는 상대와의 사이에 '대답(공통의 이익)을 만들도록' 하는 것이다.

이렇게 말하면 비즈니스용어에서 말하는 '윈윈'이라고 생각하는 사람도 있겠지만 닮은 듯하면서도 조금 다르다.

상의하거나 논쟁한다는 것은 거기에 무언가 문제가 있다는 것이다. 따라서 그 문제를 해결하기 위해 서로 좀 더 좋은 바를 생각해서 '이거라면 둘이 협력할 수 있다.'라는 '대답을 만드는' 것이 최종 목표이다.

극단적인 예를 들면, 부부싸움에서 '그럼 그만 이혼할까?'라는 결론이 나왔을 때, '어느 쪽이 잘못해서 헤어지나?' 하는 말싸움을 해도 아무 소용이 없다.

그러나 '앞으로 둘이 어떤 관계를 형성해야 서로에게 좋을까?'라고 관점을 바꾸면 상당히 편해지고 두 사람이 협력해서 생각할 수 있다.

성인 두 명이 혈안이 돼서 서로의 나쁜 점을 찾아내서 헐뜯는 것은 바람직한 일일까? 결코 즐겁지도 않고 나중에 생각해봐도 기쁘거나 기분 좋은 일은 아니다.

얼굴을 맞대고 전력을 다해 머리를 회전시켜야 한다. 어떻게 하면 서로가 더 납득할 수 있는 대답을 찾아낼 수 있을까를 생각하는 편이 훨씬 더 좋지 않겠는가?

대화에서 '대답을 만든다.'는 것은 중요하고 바로 최종목표이다.

상대가 이기도록 하는 마음가짐 〈규칙③ 상대가 지지 않게 한다〉

다음으로 '졌다고 생각하게 만들지 않는' 것에 대해 설명하겠다.

전투사고력의 사용 규칙①에서 나는 '이기지 않는 것(이겼다고 생각하는 쾌감을 버린다.)'을 지향하는데 더불어 상대가 '지지 않도록 하는 것(졌다고 분해하지 않도록)'도 지향해야 한다.

상대가 졌다고 분하게 여기면 기껏 좋은 대답을 찾아내도 상대는 절대로 그대로 움직이지 않기 때문이다.

앞의 이혼의 예로 말하면 '어느 한쪽이 나쁜 것이 아니라 둘이서 함께 좀 더 좋은 방향을 찾아보자.'라며 자기 쪽의 메리트를 줄이고 상대편의 메리트를 늘리는 결론을 내렸다고 가정한다.

본인은 아무리 어른스러운 대응이라고 생각해도 상대가 '졌다.'는 인상을 받게 되면 그것으로 끝이다. 기껏 자신의 이익을 줄이고 만든 대답도 나중에는 감정적인 반발을 사게 된다.

따라서 상대가 '졌다.'고 생각하지 않도록 하는 것이 중요하다.

대답을 생각하지 못했던 자신들도 웃는다
〈규칙④ 상대를 웃게 만든다〉

그럼 전투사고력을 사용해서 무엇을 지향하는가 하면 '웃게 만드는' 것이다.

이것은 상당히 어렵다.

전투사고력을 사용하는 법은 자신이 이기지 않거나, 상대가 지지 않도록 하는 것이다. 공통의 대답을 만들고, 가능하면 그 당시 상대를 웃기거나 자신도 웃을 수 있으면 완벽하다.

무엇에 대해 웃는가 하면 그러한 점을 생각하지 못했던 자신들 스스로에 대해 웃는 것이다. '이런 문제에 애를 먹고 있었다니 바보 같아.' 하고 자신들 스스로에 대해 웃을 수 있으면 이젠 해결된 것과 마찬가지이다.

'네가 말하는 것은 전부 틀리다. 그러니 OO해!'라고 말하지 말고 어떻게 상대를 웃길까에 대해 생각해 보자.

만일 상대가 틀렸다고 하면 어딘가 아주 초보적인 부분에서 잠시 비틀거리고 있는 것일 뿐이다. 그러니 그 부분을 발견하면 두 사람이 함께 웃을 수 있다.

'그런 일로 고민하고 있었구나. 지금까지 깨닫지 못했네. 미안.' 이런 말로도 괜찮다. 그것으로 분위기가 순식간에 부드러워질 것이다.

나의 경우, '오늘 회의는 잘 끝났다.'라는 느낌이 들 때에는 반드시 그 자리에 있던 모든 사람이 생긋생긋 웃고 있다.

절대로 이상한 선물을 두고 가지 않는다
〈규칙⑤ 고민하게 하지 않는다〉

해서는 안 되는 규칙인 '이기지 않는다.', '상대가 지지 않게 한다.'에 이어 세 번째 규칙은 '고민하게 하지 않는다.'이다.

이것도 말싸움을 하거나 설교를 할 때, 자신도 모르게 저지르기 쉬운 일이다.

'이런 의견에 대해 좀 더 생각하는 게 좋다.'

'그렇게 태평한 생각으론 어림도 없다. 더 깊이 생각해!'

이런 말을 하고 대화의 마지막에 '숙제'를 낸다. 이것이 상대를 '고민하게 만든다.'

상대에게 말로 이기고, 상대를 굴복시키고, 마지막에는 '숙제'까지 선물로 선사한다. 실은 이것은 모두 선의에서 나온다.

말로 이긴다는 것은 내가 옳으니 그것을 가르쳐줘야겠다고 생각했기 때문이고, 상대를 굴복시키는 것도 상대의 잘못을 바르게 고쳐줘야 한다는 마음 때문이다.

마지막에 '잘 생각해 봐.' 하고 숙제까지 던져주는 것도 스스로 생각하지 않으면 배울 수 없다고 생각하기 때문이다.

그렇지만 사람들은 이런 선의를 가지고 있는 사람을 대단히 싫어

한다. 이런 경험을 한 사람이 많지 않은가?

왜 이런 선의는 받아들여지지 않을까?

문제는 그것이 선의인가 악의인가의 문제가 아니라 상대를 고민하게 만들 뿐이기 때문이다.

가령 '내가 생각해도 좋은 말을 했구나. 그런 좋은 걸 책에서 배우려면 책을 몇만 원어치나 사지 않으면 안 돼. 더욱이 세미나에서 들으려면 몇십만 원이나 든다. 정말 내가 생각해도 좋은 말을 했다!'라고 자기만족에 빠진다. 그렇지만 이런 생각은 상대에게 전혀 전달되지 않는다. 숙제를 내지 말고 상대가 할 수 있는 것을 함께 생각한다. 그렇게 하지 않으면 상대는 좀처럼 움직이지 않는다.

상대를 마사지 하는 것처럼 〈규칙⑥ 시원하게 해준다〉

고민하게 만들지 말고 '시원하게 해주는' 것이 중요하다.

다시 말하면 마사지와 같다. 만일 상대에게 문제가 있다면 그런 상대를 고치려 하지 말고 둘이서 그 문제를 해결할 방법을 생각한다.

'규칙②의 '이기는' 것이 아니라 '대답을 만드는' 것이다.

하지만 문제를 해결할 방법을 찾아내지 못했어도 '오늘은 둘이서 문제에 대해 얘기할 수 있어서 다행이었다.'라고 확인을 한 뒤 마무리를 짓는다.

이것이 '시원하게 해주는' 것이다.

끈을 꽉 조여서 묶으면 풀려고 해도 풀 수 없다. 하지만 끈의 매듭이 느슨해지면 이리저리 움직이는 사이에 점점 끈이 풀린다.

그러나 대부분의 사람들은 일부러 단단히 조여져 있는 끈의 매듭을 더 강하게 당겨서 풀 수 없게 만들어버린다.

이기거나 지게 만들면 매듭은 점점 단단하게 조여진다. 그러지 말고 문제를 부드럽게 마사지한다.

'규칙④의 상대를 웃게 만든다.'이다.

둘이서 웃으면서 이야기를 해서 문제를 부드럽게 함으로써 그 이후는 끈의 매듭이 저절로 풀어지도록 맡기면 된다.

마지막에는 숙제를 내지 말고 '대화를 나눌 수 있어서 좋았다. 가슴이 좀 시원해졌다.'라고 마무리를 짓는다.

'이기지 않는다.', '지게 하지 않는다.', '고민하게 하지 않게' 해서

'대답을 만들고', '웃게 만들고', '시원하게 해준다.'

이런 사고방식이 유니버설 토크에서 전투사고력을 사용할 때의 규칙이다.

전투사고력을 활용하는 6가지 단계

6가지 규칙을 기억했다면 어떤 식으로 전투사고력과 유니버설 토크를 융합시킬 것인가에 대해 구체적으로 설명을 하겠다.

유니버설 토크에는 '공감→재구축'이라는 프로세스가 있었다.

꽤 심플하게 설명을 했었는데 실제로 하려고 하면 당연한 일이지만, 좀처럼 잘되지 않는다.

공감까지는 가능하지만 재구축이 어렵다. 유니버설 토크에 대한 내 강연을 들은 참가자들 대부분 그렇게 말했다.

여기서 필요한 것이 각 프로세스에서의 전투사고력 사용법이다.

나는 어떻게 해서 '공감→재구축'이라는 프로세스를 세워나가는가에 대해 생각해 보았더니 대체로 6가지 단계가 있다는 사실을 깨달았다.(그림 12)

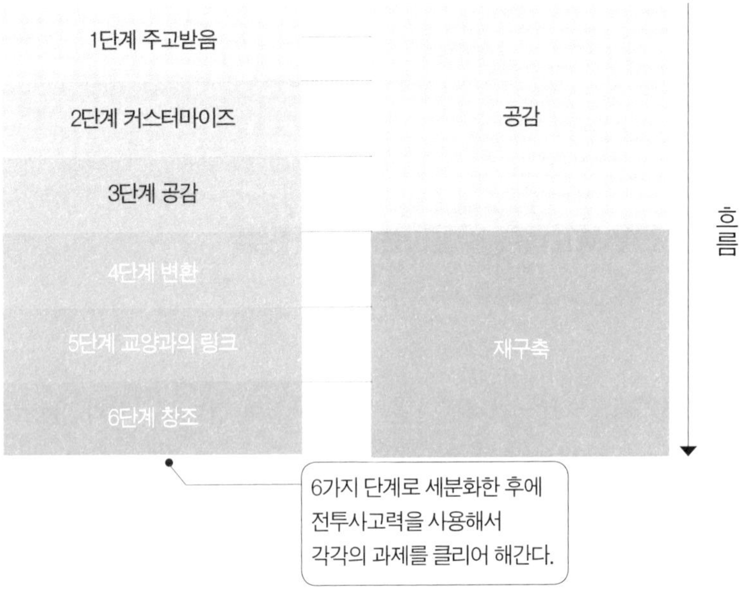

그림 12 '공감→재구축'의 흐름을 6가지 단계로 나누고 전투사고력으로 보완한다

1단계 주고받음

2단계 커스터마이즈(customize)

3단계 공감

4단계 변환

5단계 교양과의 링크

6단계 창조

우리는 다른 사람과 말싸움을 할 때나 의논할 때, 상담을 받으며 생각할 때에도 무의식중에 이 6가지 단계를 밟고 있다. 만일 잘 되지 않는 경우는 이 6가지 중 어딘가에서 애를 먹고 있음이 분명하다.

따라서 이 6가지 단계를 분명히 의식화해서 능숙하게 사용할 수 있도록 하는 것이 전투사고력의 사고법이다.

하나씩 설명을 하겠다.

가능한 대화를 길게 이어간다 〈1단계-주고받음〉

주고받음이 발생하지 않으면 상대와의 대화 자체가 생기지 않는다. 따라서 주고받음이 끊어지지 않도록 하는 것이 중요하다.

이쪽에서 무언가 한마디 했는데 상대가 아무 말도 하지 않고 생각에 잠겨 있으면 다르게 말하는 법에 대해 생각한다. 먼저 상대가 편안한 상태여야 한다. 이때 필요한 것이 전투사고력을 사용할 때의 규칙① '이기지 않는다.'와 규칙③의 '지게 하지 않는다.'이다. 이 규칙에 따라 주고받음이 끊어지지 않게 하는 것이 중요하다.

가족들끼리 하는 윷놀이나 친구와 온천여행을 가서 즐기는 탁구에서 기를 쓰고 이기려고 하지 않는다. 랠리가 오래 이어질수록 즐겁기 때문이다.

이와 마찬가지로 주고받는 횟수가 많으면 많을수록 전투사고력의 분석 능력과 고찰 능력이 향상되고 주고받는 도중에도 서로 즐겁다.

따라서 우선은 주고받음 자체가 생기도록 해야 한다.

말을 단정적으로 하지 않는 것이 요령이다. 만일 단정적으로 말을 하면 주고받음은 끝나버린다. '~처럼 생각하는데 어떻게 생각해?'라는 식으로 상대가 계속해서 말을 하도록 한다.

이를 위한 가장 빠른 방법은 눈앞에 있는 사람을 좋아해야 하는데 이 또한 상당히 어렵다.

대화를 빨리 끝내려고 하지 말고 '가능한 대화를 길게 이어가도록 해야 한다.'

상대에게 맞춘 말하는 법을 만든다 〈2단계-커스터마이즈〉

커스터마이즈란 상대에게 맞춰 말하는 법이나 생각을 다양하게 바꾸는 것이다.

가령 자동차의 커스터마이즈란 고객 한 사람 한 사람의 기호에 맞춰 자동차를 개조하는 것이다. 좌석의 위치나 핸들의 높이를 바꾸는 것과 같은 작은 개조도 커스터마이즈이다.

스마트폰의 경우는 사용자가 바탕화면을 사용하기 편하도록 자주 사용하는 아이콘을 홈 버튼 가까이에 가져가는 것도 커스터마이즈이다.

커스터마이즈에서 전투사고력이라는 것은 단순히 반박하는 능력이라기보다 상대에 맞춰 말하는 법을 만드는 것이다. 적절한 시프트 체인지도 필요하다.

만일 상대가 아이라면 아이가 항상 보는 TV나 친구들 사이에서 나눌 법한 화제로 말을 걸고, 만일 상대가 '이겼다, 졌다.'라고 생각하는 경향의 사람이라면 '이겼다, 졌다.'로 말을 해준다. 전자는 아이가 상대이니 로우 기어, 후자는 승패를 의식하지 않으면 안 되니 톱 기어를 사용한다.

만일 상대가 '그래도 그건 인간으로서 용서할 수 없다!'라고 말할 것 같은 사람이라면 '그런 걸 생각해도 아무 소용이 없다.'고 말하지 말고 '아, 나도 인간으로 용서할 수 없다고 생각했던 적이 있어.'라는 식으로 기어를 바꾼다. 냉정한 미들 기어가 될 듯하다.

이해하였는가?

상대에 대한 설득술이 아니다. 상대에게 맞춰 자신의 생각 자체를 바꾸는 것이다.

항상 상대와 상대의 세계관에 맞춰서 말하는 법과 자신의 생각을 바꾼다. 이것이 커스터마이즈이다.

대부분의 경우, 보통은 반대 경향을 보인다.

자신에게 맞춰 상대의 생각을 커스터마이즈하고 싶어 한다. 그러나 거기서는 아무것도 얻을 수 없다. 만일 그럼에도 효과를 얻은 듯한 기분이 들어도 상대에게는 전혀 전달되지 않았다.

자신의 생각을 상대에게 맞춰서 커스터마이즈하는 것이 중요하다. 그렇게 하면 상대에게 많은 것을 전달할 수 있고 자신도 이야기를 한 후에 얻는 것이 많다.

상대에게 공감하려면 상대의 세계관을 통해서 세상을 바라보아야 한다. 즉 지금까지 없었던 새로운 시점을 얻는 것과 똑같다. 그것은 반드시 자신에게도 이득이 되니 꼭 커스터마이즈를 실행해 보자.

커스터마이즈에서는 상대를 이해하고 받아들이는 점이 중요하다. 즉 전투사고력의 분석 능력, 고찰 능력, 그리고 대화를 이어갈 수 있는 반박 능력이 필요하다.

상대를 이해할 때에는 로우 기어, 대화에 흥을 돋우기 위해서라면 시프트 체인지를 해서 때때로 톱 기어로 변환해야 한다. 반복해서 말하지만 톱 기어로 상대를 굴복시켜서는 안 된다.

이 1단계 주고받음과 2단계 커스터마이즈가 초보 중의 초보인 것이다.

처음에는 어렵지만 구체적으로 시도해 보면 조금씩 이해할 수 있으니 우선은 의식적으로 주고받음의 지속과 말하는 법과 생각을 상대에게 맞춰서 커스터마이즈해 보자.

상대와 같은 마음이 된다
〈3단계-공감한다〉

유니버설 토크에서도 나온 '공감'에 대해 조금 더 깊이 생각해 보겠다.

'공감한다.'란 '아, 그렇다. 맞다.' 또는 '어떤 기분인지 알아.'라고 상대의 마음에 다가가는 일이다.

그러나 공감을 하면 상대에게 진다고 생각하기 쉽다.

그렇지만 괜찮다. 이때는 져도 괜찮다. 마지막의 마지막에 '창조'라는 최종 단계가 있기 때문이다. 이 3단계까지는 오로지 상대의 말을 100% 받아들여도 괜찮다.

상대가 아무리 억지를 피우고, 아무리 제멋대로인 말을 해도 이 1단계 주고받음, 2단계 커스터마이즈, 3단계 공감하기까지는 오로지 상대가 하는 말을 이해하고 같은 편이 되어서 받아들이도록 노력해 보자.

상대가 아무리 우쭐대도 괜찮다. 오히려 그러는 편이 더 고맙다.

상대가 우쭐대며 계속 말을 하는 것은 그만큼 마음을 열고 있다는 사실의 반증이다. 그렇게 되면 자신과 상대에게 공통된 목적을 찾아내기가 쉬워지기 때문이다.

2단계의 '커스터마이즈'는 이성적인 단계이지만 3단계의 '공감'은 상대가 전하려고 하는 감정을 이성이 아닌 진심으로 알고자 하는 단계이다. 상대와 같은 마음이 되는 것이 최선인 것이다.

상대의 마음을 모르는 경우는 눈앞 상대의 마음과 비슷한 경험을 했던 지난 일을 마음속으로 찾아본다.

가령 상대가 괴롭다거나 분하게 생각하는 것처럼 보이는 경우, 마음속으로 괴롭거나 분하게 여겨졌던 일을 떠올리면서 '이런 괴로움인가요?', '그때, 나도 분한 마음이 들었는데, 그런 느낌이 아닌가요?'라고 계속해서 이야기를 주고받는다.

이렇게 반복을 하면 상대의 마음에 공감할 수 있게 된다. 그렇게 되면 자연스레 상대가 무엇을 하고 싶어 하는지가 보인다.

이기지 말고, 지지 않게 하고, 고민하게 하지 않는다 〈1단계~3단계 정리〉

이 1단계 주고받음, 2단계 커스터마이즈, 3단계 공감한다는 고민 상담에 국한하지 않고 의논하거나 설득하거나 프레젠테이션을 하는 경우에도 필요하다.

상대와 논쟁을 하며 싸울 때에도 우선 말수를 많이 하는 것이 중요하다.

가령 상대에게 지면 자신의 회사가 손해를 보고, 이기면 이익이 되는 경우에도 먼저 대화의 스트로크 수를 많이 하는 것에 대해 생각한다.

짧게 '그럼 그쪽에서 부담하세요.'라는 식으로 말하면 당시에는 상대가 부담을 하더라도 대체로 응어리가 남게 되기 때문이다.

다음으로 자신의 사고방식을 상대의 사정에 맞춰 커스터마이즈 한다. 그리고 상대가 왜 그런 말을 하는가에 대해 심정적으로 이해하려고 한다.

이 단계를 밟지 않으면 앞으로 나아갈 수 없다.

왜냐하면 그렇게 하지 않으면 상대에게 이기거나 지게 하거나 고민하게 만들기 때문에 결국 상대는 움직이지 않는다.

시야(視野), 프레임을 넓힌다
〈4단계-변환〉

이 과정을 거쳐야 한다. 드디어 4단계 변환이다.

'상대가 하는 말을 잘 알고 있으며, 자신이 하고 싶은 말이나 하고 싶은 일도 있다. 그럼 공통의 대답은 없을까? 양쪽 모두에게 이득이 되는 대답은 없을까?'

이것이 바로 여기서 말하는 변환이다. 유니버설 토크로 말하면 '재구축'의 전단계이다.

요령은 시야, 프레임을 넓히는 것이다.

시야, 프레임을 넓히려면 인원수를 늘려야 한다. 즉 둘이서 이야기해서 만족한 대답이 나오지 않는다면 거기에 세 번째, 네 번째 사람을 포함시켜 만족하는 대답을 생각한다.

예를 들어 '이혼할까?'라는 이야기를 하는 경우도 그 자리에 관계가 없는 사람을 포함시킨다.

'그런데 부모님은 뭐라고 하실까?' 또는 '당신 부모님은 뭐라고 하실까?', '친척들은 뭐라고 할까?'라는 식으로 생각하는 관계자를 점점 많이 포함시켜서 모두가 어느 정도 만족할 수 있는 적정선을 생각한다.

이것이 최선의 대답이 된다.

왜 그럴까?

인간은 자신의 이익만을 생각하고 있으면 점점 시야가 좁아진다. 반대로 타인의 이익까지 생각하면 시야가 넓어진다.

관계자를 늘려서 모두의 이익을 함께 생각하면 자신의 이익만을 추구하는 것이 없어진다. 그래서 시야가 조금씩 넓어지기 시작한다. 시야가 넓어지면 '변환'하기가 쉬워진다. 즉 자신과 주위 사람들 모두에게 이득이 되는 대답을 찾아내기 쉽다.

다시 말해 '변환'의 비결은 가능한 시야를 넓히는 것이며, 그를 위해서는 관계자를 늘려야 한다.

모두가 100% 만족하지 않아도 좋으니 어느 정도 만족할 수 있는 대답을 찾으려고 해보자. 그렇다. '이기지 않는다.'와 '지지 않게 한다.'를 모두에게 적용하는 것이다.

■ 경험을 쌓는 법

'변환'은 '공감→재구축'의 6가지 단계의 핵심이어서 상당히 어렵다. 경험치가 중요한 만큼 경험을 많이 쌓을 필요가 있다. 전투나 시합의 횟수가 많으면 그만큼 능숙해지기 마련이니 횟수를 늘리는 수밖에 없다.

'오늘 읽은 책에 이런 말이 있었으니 의식해서 해보자.' 하고 생각한다면 내일 누군가가 이야기를 할 때, 처음의 세 가지 1단계 주고받음 2단계 커스터마이즈 3단계 공감까지 시험해 보자. 여기까지는 어느 정도 의식을 하면 가능하다.

네 번째의 변환을 유연하게 실행하는 데에는 경험이 필요하다. 주 1회보다는 주 2회, 주 2회보다는 매일 하는 편이 능숙해지고, 하루에 한 번밖에 하지 않는 것보다 하루에 2~3회 하는 편이 더 능숙해진다.

어떻게 경험을 쌓는가 하면 처음의 '주고받음'과 '커스터마이즈'는 상대가 없으면 불가능하지만 다행히 '공감'과 '변환'은 혼자 트레이닝 할 수 있다.

'공감'은 영화를 보거나 소설을 읽거나 해서 등장인물의 심정이 되어 봄으로써 어느 정도 가능하다.

또 사회문제에 대해서 생각함으로써 '변환' 연습이 가능하다. 신문을 읽고 '왜 이렇게 됐을까?'라고 생각할 때, 당사자나 관계자의 입장에 서서 '나라면 어떻게 할까?', '주위 사람들은 어떻게 해야 할까?'라고 자문을 함으로써 시야가 넓어진다.

지식이 아닌 교양을 찾는다 〈5단계-교양과의 링크〉

다음은 5단계 교양과의 링크이다. 여기서는 나이가 많은 편이 유리하다. 4단계의 변환의 효과를 한층 좋게 하는 단계이다.

변환 단계에서 '자, 이렇게 하면 어떨까?'라고 하는 방법을 쓰려고 할 때, 거기에 설득력을 부여하는 것은 '나는 얼마나 알고 있는가?'이다.

'나는 이전에 OO로 싸운 적이 있는데 그때는 OO라고 했다.'라는 식으로 실제 체험이 최선이다. 그러한 체험이 없는 경우도 역사상의 사실을 인용할 수 있고, 야구선수가 비슷한 문제에 직면했을 때의 이야기도 괜찮다.

나는 이런 것을 '교양'이라고 부른다. '지식'이 아닌 '교양'이다.

단순한 '지식'이 아닌 자신이 실제로 체험하고 인간관계에서 사용할 수 있는 것이 '교양'이다. 이 '교양'과 지금 해결하려고 하는 문제를 링크시킨다.

'현재 자신들의 문제와 다른 사람의 문제에서 닮은 점은 무엇일까?'

'역사상 비슷한 케이스가 있을까?'

이렇게 링크시키는 순간, 갑자기 그 문제는 자신은 물론 상대에게도 상대화되어진다. 상대화라는 것은 조금 물러서서 객관적으로 바라보는 것이다.

'이건, 우리만의 문제가 아니라 역사상 비슷한 일이 많이 있었다.' 라고 생각한다.

그리고 다음으로 '자, 그럼 어떻게 해결했지?', '역시 해결하지 못했나?' 하고 시점을 바꿔서 객관적으로 바라봄으로써 서로의 마음이 편해지는 경우가 있다.

이 단계에서는 무리하게 해결하려 하거나 교양을 과시하면 안 된다. '시원하게 해주거나', '마사지', '웃게 만드는' 전투사고력의 규칙에 따라 '교양과의 링크'를 시도해 보자. 때에 따라 우스꽝스럽거나 그다지 관계가 없거나 생각하지 못한 의외의 예를 인용하도록 해야 한다.

예를 들어 세상일에 대해 이야기를 하고 있을 때에 '그런데 그리스시대에는…….'이라며 역사적인 화제를 꺼내는 방법도 있고, '얼마 전 어떤 개그맨이 한 말인데.'라고 말하는 방법도 좋다.

이런 식으로 의외의 말이나 예를 꺼낼수록 4단계 변환의 효과는 좋아진다.

상대와 함께 대답을 만든다 〈6단계-창조〉

드디어 마지막 6단계 창조이다.

'창조'라고 말하니 뭔가 대단히 어렵게 들리지만 여기까지 왔다면 문제가 되지 않는다. 이미 상대도 함께 생각하는 마음을 가지고 있을 테니 말이다.

잊지 말아야 할 점은 이 '창조'가 자기 혼자 문제를 해결하는 것이 아니고, 상대를 말로 꼼짝 못 하게 하려는 것도 아니라는 점이다.

즉 상대가 한 말에 '아, 그렇군. 좋아.'라고 대응하면서 자신의 이야기도 덧붙여서 가능한 길게 랠리를 이어간다.

여기에서는 시프트 체인지를 하면서 서로의 발상력을 구사해서 '창조'를 향해 일직선으로 나아가는 것이다.

그 랠리 속에서 둘이 함께 대답을 만들어낸다. 그곳에 몇 명이 있든 모두 함께 랠리를 하면서 대답을 만들어낸다.

이것이 '창조'이다.

'창조'란 무리하게 자기 혼자 찾아내려 할 필요가 없다. 흡사 잘 익은 과실이 저절로 땅에 떨어지듯 '누군가, 어느 순간, 떠올린 것'이라고 생각하는 편이 가장 좋다.

채택된 아이디어의 특징?

머리를 톱 기어로 하면 어쩔 수 없이 '이기고 싶다.'라는 충동이 생겨서 발상의 전환을 하기가 정말 어렵다. 하지만 레코딩 다이어트에서 '마르는 것을 생각하지 않는 것'과 마찬가지로 '유니버설 토크×전투사고력'에서는 '이기는 것을 생각하지 않아야' 한다.

이 말은 어떤 의문에 대해 '대답을 하려 하지 않고', '정답을 찾아내려 하지 않는다.'는 뜻이다.

다시 말하면 '어떤 의문에 대해서 한층 더 재미있는 질문을 계속 한다.'는 말이다.

'얼마나 재미있는 질문을, 얼마나 많이 만들어낼 수 있는가?' 하는 자세로 대화에 임해야 한다.

재미있는 질문을 많이 함으로써 상대도 많은 이야기를 해준다. 즉 주고받음이 늘어난다.

그러면 그 대화 속에서 저절로 아이디어가 떠오른다. 저절로 떠오른 아이디어는 자신이 떠올린 것도 아니고 상대가 떠올린 것도 아닌 그 자리의 관계가 만든 것이다.

그런 아이디어는 반드시 채택된다.

만일 이쪽이 'A로 하면 좋지 않을까?' 하고 재미있는 아이디어를 말해도 상대는 반드시 '타인에게 설득당했다.'라는 느낌을 받게 된다. 그렇게 되면 절대로 그대로 움직이지 않는다. 기껏 이쪽이 좋은 아이디어를 말했는데 상대가 움직이지 않는 것이다.

반대로 그 자리의 관계로 인해 톱 기어로 점점 발상력을 구사해서 농담을 하듯 여러 가지 아이디어를 서로 내게 된다. 그러면 누가 어떤 아이디어를 떠올렸는가는 잘 모르게 된다. 이것이 '이기지 않는다.', '지지 않게 한다.'라는 것이다.

이럴 때는 대부분의 사람은 가장 재미있다고 생각하는 아이디어를 자신이 떠올렸다고 생각한다. 상대가 이겼다고 생각하는 경우도 있다.

단, 고맙다는 말은 하지 않는다.

'덕분에 좋은 생각이 떠올랐다.'가 아니라 '곤란할 때는 저 사람에게 물어보자. 그럼 무언가 좋은 생각이 떠오를지도 모른다.' 하고 생각하게 된다.

이런 관계까지 만들 수 있다면 당신은 상당한 유단자이다.

단, 이때는 상대가 머리가 좋은 사람이라고 생각하지 않고 재미있는 사람이라고 생각한다. 그러나 그것으로 충분하다.

재미있는 질문을 계속 생각하는 것이 각 단계의 요령

이상과 같이 '더 재미있는 질문을 생각'하는 것을 의식하며 각 단계를 밟아가야 한다.

가령 '왜 공부를 해야 하는가?' 하고 아이가 질문을 했을 때는 '넌 머리가 나쁘잖아.' 또는 '원래 공부는 하지 않으면 안 된다.', '훌륭한 사람이 되기 위해서.'라는 식으로 상대가 반론을 할 수 없게 대답하면 안 된다.

그렇게 하지 말고 좀 더 재미있는 질문을 생각해야 한다.

'왜 공부를 해야 하는가?' 라고 물으면 '그럼 나는 왜 일을 하지 않으면 안 될까?' 하고 되물어 보자. 그렇게 해서 아이와 함께 생각을 한다.

이것은 상대의 질문을 역이용해서 논점을 흐리는 것이 아니다.

재미있는 질문을 계속 반복함으로써 자신과 아이의 전투사고력이 동시에 발전한다.

아이도 그렇게 질문을 받으면 나름대로 대답을 할 수밖에 없다. 처음에는 아이도 부모를 이기려고 한다. 하지만 이런 주고받음의 재미를 깨닫게 되면 아이의 전투사고력도 향상된다.

| 칼럼 |

손님이 오지 않는 카페를 성공시키기 위해서는?
'변환'의 3가지 요령

내가 전투사고력의 활용 사례를 늘 활용하는 것은 '손님이 오지 않는 카페의 매출을 어떻게 올릴 것인가?'라는 질문에 대답하는 사례이다.

갑자기 구체적인 해결법을 대답해서는 안 된다.

이 질문은 사고 게임으로 즐기는 것이 중요하다.

이 사례에서 내가 생각한 방향성은 다음의 3가지이다.

① 다양성: 하는 일을 다양하게 늘린다

② 다방향성: 방향을 다양하게 바꾼다

③ 회의: 의심한다

■ **방법을 다양하게 늘린다**

다양성이란 무엇인가 하면 가령, '카페의 매출이 떨어졌는데 어떻게 하면 좋은가?'라는 질문을 받으면 '메뉴를 늘려 보면?'이라는 생각이 가장 먼저 떠오른다.

이것은 '현재 하고 있는 일을 늘리는' 것이다.

아이스커피와 뜨거운 커피가 있다면 '그 위에 아이스크림이라도 얹어 보면?' 혹은 '카페오레를 메뉴에 추구하면?', 또는 토스트가 있다면 '치즈를 얹어서 치즈토스트를 추가하면?'이라는 식으로 말이다. 런치 매출을 올리고 싶다면 '런치 메뉴를 더 추가하면?'이라고 할 수도 있다.

평범한 대답 같지만 상대가 '우리 카페에서 그런 건 불가능하다.'고 생각하고 있었다면 의외로 효과가 있는 경우도 있다.

■ **현재 하고 있지 않은 일을 생각한다**

다음으로 다방향성. '현재 하고 있지 않은 일을 생각한다.'이다.

그 카페는 카페로써 당연히 해야 할 일을 하고 있다.

예를 들어 아침 8시에 문을 열고 저녁 6시 정도까지 영업을 하고 있다고 가정한다.

오피스가여서 저녁 6시가 넘으면 더 이상 손님이 없다. 아침에는 모닝 메뉴가 목적인 손님이 오고, 점심은 런치 메뉴가 목적인 손님이 오기 때문에 거기에 맞춰서 영업을 하고 있다.

그것에 대한 첫 번째 어프로치가 앞의 메뉴를 늘리는 것이라고 하면 두 번째의 '현재 하고 있지 않은 일을 생각한다.'라는 것은 무슨 뜻일까?

예를 들어 젊은 사람 중에 가게나 카페를 하고 싶어 하는 사람이 많이 있는데 그런 사람들에게 문을 열지 않는 날에 가게를 빌려주는 것을 제안했다고 가정하자.

즉 카페를 하고 싶지만 창업자금이 없는 젊은 사람에게 '우리 카페는 오피스가에 있어서 어차피 토요일에는 가게를 열지 않으니 월세를 조금 내면 토요일에 가게를 빌려주겠다.'고 하고 가게를 빌려준다.

또는 음식 이외의 수입원을 생각해 본다.

가령 늘 커피를 만들어서 팔고 있다면 원두를 팔거나 커피 원산지 투어를 기획해 보거나 말이다.

그런 식으로 우선 하고 있지 않은 일을 생각하는 것이 다방향성이다.

■ **원인을 의심한다**

세 번째 회의란 '곤란해 하는 원인 자체를 의심'하는 것이다.

'카페를 하고 있지만 매출이 떨어져서 곤란하다. 뭔가 좋은 방법이 없을까?'라는 상담을 받으면 '애초에 무엇으로 매출을 올리고 싶은가?'라고 물어본다.

'아니, 그저 매출이 떨어져서.'

상담자는 이렇게 말하지만 매출이 떨어진 것은 어쩌면 어쩔 수 없는 일일지도 모른다. 즉 근처에 있는 회사들이 모두 문을 닫아서 전체 고객의 수가 줄었으니 매출이 떨어지는 것은 어쩔 수 없는 일이다.

'그럼 매출이 떨어진 것을 한탄하지 말고 경비를 줄이는 일을 먼저 생각하면?'

즉 처음에 상대가 상담을 한 문제 자체를 의심해 본다.

'그렇게 카페를 하고 싶어? 가게를 하고 있잖아? 요리사 자격증도 가지고 있고 손님도 어느 정도 있으니 술집을 해보면?'

'무엇이든 좋으니 다른 장사를 해보면?'

'가령 잡화점이라도 해보면?'

실제는 그 자리에서는 아무것이나 상관이 없다. 상대의 머릿속에는 분명 카페의 매출이 떨어진 일로 가득 차 있기 때문이다.

그래서 상대의 이야기를 잘 들은 후에 상대의 의문 자체, 상대가 문제로 생각하고 있는 일 자체를 의심해 본다.

어떻게 하면 좋은가를 대답하는 것이 아니라 더 재미있는 질문을 던져 보는 것이다.

'처음부터 정말 카페를 하고 싶었어?'

'근처 가게도 모두 매출이 떨어지지 않았어? 근처 가게에서 매출이 오른 카페가 있어? 아니면 모두 떨어졌어?'

만일 매출이 오른 카페가 있다면 그곳을 모방하면 되고, 만일 모든 카페의 매출이 떨어졌다면 더 이상 그곳에서 카페를 하기란 무리이다.

이런 식으로 다양한 방향에서 의심해 보고 '변환'을 시도한다.

지금 하고 있는 일을 늘리는 다양성과 다른 방향을 다양하게 생각하는 다방향성과 문제 자체를 의심하는 회의라고 하는 세 가지 방법으로 상당한 '변환'이 가능하다.

제5장

머리 회전을 가속화하는 레슨

사고의 무도(武道) '전투사고력'의 면허 전수

‘전투사고력’과 그 ‘단위’

마지막 장에서는 전투사고력을 단련하는 구체적인 방법에 대해서 설명하겠다.

내가 대표를 역임하고 있던 FREEex라는 그룹에서는 ‘클라우드 시티’라고 하는 회원제 SNS를 활용하고 있는데, 그중에 ‘FREEex 스크롤’이라는 버추얼 사숙(私塾)이 있다.

사숙의 목적은 각 단위의 과제를 스스로 해결하고 SNS에서 발표하면서 능력을 연마하는 것이다. 서로 격려하고 경쟁을 하는 시스템이다. 단위가 올라간 사람은 자연히 자신감과 책임감이 생기고 아래 단위에 있는 사람을 도와주는 광경을 볼 수 있다.

‘평가경제숙’, ‘스마트노트숙’, ‘4타입숙’ 등에서 ‘건담숙’이라는 숙까지 있는데 이중에 하나가 ‘전투사고숙’이다.

표 1을 보자. 이 표는 클라우드 시티 중에 있는 ‘전투사고숙’의 커리큘럼이다.

‘10급’이나 ‘초단’이라고 적혀 있다. ‘10급’이 가장 간단하고 아래로 갈수록 어려워진다. 가장 어려운 것이 ‘10단’이다.

쉬움

10급 로우 기어	3권의 책을 읽고 감상을 쓴다
9급 로우 기어	1시간 정도 영상을 3편 보고 각각의 내용을 정리해서 다른 사람에게 전달한다
8급 미들 기어	읽지 않은 단행본(논픽션 계열) 1권의 제목과 목차만 보고 내용을 추리한다
7급 미들 기어	8급에서 사용한 단행본 1권을 2페이지마다 내용을 1행으로 정리한 메모를 작성한다
6급 미들 기어	8급에서 쓴 추리와 7급에서 만든 메모 내용을 비교하고 틀린 부분을 5곳 선택해서 '왜 틀렸는지'에 대해 쓴다
5급 미들 기어	1시간 정도 영상을 3편 보고 각각의 내용을 400자로 정리한다
4급 톱 기어	니코니코 생방송에서 자신이 출연하는 프로그램을 방송한다. 댓글에 답을 하면서 30분 이상, 시청자 10명 이상으로 프로그램을 유지한다
3급 톱 기어	5급에서 본 영상, 또는 영화 등을 1시간 이상 작품의 내용을 '미니츠 라이너(minutes liner, 영상을 보면서 1분마다 내용을 1행으로 요약하는 작업-저자가 만든 조어)'로 작성한다.
2급 시프트 체인지	경제 계열 신문이나 신문 사회면의 기사를 초등학교 4학년도 이해할 수 있도록 다시 쓴다.
1급 미들 기어	세상 사람들이 오해하고 있는 실례를 인터넷 뉴스나 블로그에서 찾아내서 '정확한 사정', '왜 오해하고 있는가?', '오해한 사람에게 죄나 책임은 없다는 어필'을 원 세트로 쓴 문장을 일기로 공개한다
초단 미들 기어	아직 아무도 생각하지 않은 사업 모델이나 신제품 아이디어를 하나씩 일기에 쓴다
2단~9단까지 생략	
10단 톱 기어	'전투사고력'에 대해 강의나 강연을 한다. 청중은 30명 이상

어려움

아래로 향할수록 난이도가 업. 본서는 10급~1급을 다룸.

표1 전투사고숙·단위 인정

각각의 과제는 전투사고력을 단련하기 위한 훈련이자 클리어 할 때마다 점점 단위가 올라가는 시스템이다.

초단 이상은 허들이 너무나 높아서 책에서는 10급에서 1급까지만 설명하도록 하겠다.

전투사고력은 '사고의 무도(武道)'라고 한 만큼 훈련에는 상당한 각오가 필요한 수업 내용이라고 할 수 있다.

또 환경에 따라서는 도전하지 못하는 사람도 있고, 사람에 따라서는 그 사람에게 맞거나 맞지 않는 훈련도 있다. 따라서 이제부터 소개하는 훈련은 어디까지 하나의 예이니 자신에게 맞는 훈련을 개발하거나 커스터마이즈를 해도 괜찮다.

단, 머리에 부하를 가하지 않으면 머리 회전력을 단련할 수 없다는 사실만은 잊어서는 안 된다.

책 3권을 읽고 감상을 쓴다
〈10급-로우 기어를 단련한다〉

로우 기어를 단련하는 가장 좋은 방법은 책을 읽는 일이다.

3권의 책을 끝까지 읽고 감상을 써보자. 초등학교 때의 독서 감상문처럼 억지로 쓰지 말고 수첩에 메모하는 감상이다. 일단 글로 쓰는 것이 중요하며 간단하다.

어떤 책도 상관없다. 논픽션과 에세이와 소설, 세 개가 가장 좋을 듯하다.

글로 쓴다는 것은 생각하면서 쓰고, 쓰는 속도로 생각한다는 것이다.

'글은 못 쓴다. 난 문장력이 없다.'라는 사람은 대체로 톱 기어밖에 쓰지 않는 사람이다.

나도 경험이 있기 때문에 잘 안다. 머리가 고속으로 회전하고 있을 때는 쓰고 있는 속도가 너무 느려 답답하다. 하지만 여기서 그것을 싫어해서는 안 된다.

일부러 쓰는 속도에 맞게 머리 회전 속도를 떨어뜨리면 의문이 가득 떠오른다.

'이렇게 써서 잘 전달될까?', '내가 정말 하고 싶은 말이 이것일까?', '책의 내용이 정말 이것일까?' 등등.

이런 의문이 떠올라도 손을 멈추지 말고 참고 써야 한다. 이 속도가 로우 기어이다.

1시간 정도 영상을 보고 내용을 정리한다 〈9급-로우 기어를 단련한다〉

두 번째 방법은 1시간 정도 영상을 3편 보고 그 내용을 정리한다. 영상은 TV의 정보 버라이어티도 좋고 사건 검증 프로나 퀴즈 프로, 무엇이든 좋다. 드라마도 상관없다.

영상을 보고 어떤 이야기, 어떤 내용이었는가를 문장화 하고, 다른 누군가의 SNS 등을 통해서 전달한다. 문장화 하고 있으면 자신이 내용을 제대로 파악하고 있지 못하다는 사실을 알게 되고, 한 번만 볼 생각이던 프로를 한 번 더 보지 않으면 안 된다. 하지만 귀찮아하지 말고 다시 보자. 그래서 가능하면 녹화를 하는 편이 좋다.

아이가 있는 집에는 반드시 있는 『이웃집 토토로』도 상관없다. 『이웃집 토토로』는 어떤 내용이었는지 영화를 본 후에 쓰면 로우 기어를 단련할 수 있다.

이것은 너무나 답답한 작업이다.

톱 기어는 반론하거나 문제점을 찾아낼 때 사용하는데 영상이나 음성이 무엇을 말하고 있는가를 잘 음미하고 그것을 정리하는 일은 반드시 머리를 로우 기어로 내리지 않으면 불가능하다.

만일 여러분 중에서 다른 사람에게 '당신은 다른 사람의 말을 제대로 듣지 않는다.'라는 말을 들은 적이 있는 분이 있다면 머리를 지나치게 톱 기어로 쓰는 습관을 가지고 있을지 모른다.

앞에서 말한 바와 같이 머리가 좋다는 것은 항상 기어가 톱에 있는 것도 아니고, 왜 주위 사람은 머리의 회전수가 빠르지 않을까 하고 업신여기는 것도 아니다.

정말로 머리가 좋은 사람은 기어를 잘 구분해서 사용한다. 기어의 존재를 깨닫고 기어를 잘 구분해서 사용하면 이윽고 각각의 기어에 이르는 힘이 점점 강해진다.

따라서 머리 회전을 빠르게 하는 일만 지향해서는 안 된다. 반드시 기어를 내리는 일도 생각해 보자.

책 제목과 목차만 보고 내용을 추리한다 〈8급-미들 기어를 단련한다〉

다음은 미들 기어이다. 미들 기어는 평소 자신이 사용하고 있는 머리의 속도이다. 여기서부터는 레슨도 조금씩 재미있어진다.

서점에서 재미있어 보이는 논픽션 단행본을 발견하면 속은 볼 필요 없다. 제목과 목차만 보고 내용을 추리한다. 그리고 추리한 것을 일기장에 쓴다. 문장화하는 것이다. 단지 다소 과장된 논픽션이라면 목차의 제목으로는 내용을 짐작할 수 없고 전체적인 분위기밖에 상상할 수 없기 때문에 비즈니스 서적을 중심으로 선택하는 편이 좋을지 모른다.

사실 주의 깊게 제목과 목차를 보면 대부분의 책은 그 내용을 알 수 있다.

속독이나 포토리딩을 알고 있을 것이다. 실은 이것의 발전형이다. 속독을 하는 사람은 많이 있고, 방법을 가르치는 학원도 있다. 그렇게 빠른 속도로 책을 읽을 수 있다고 진짜로 믿고 있는 사람도 많은 듯하지만 오해이다.

그런 편리한 능력은 대부분의 인간에게는 없다. 만일 누구나 그런 일이 가능하다고 한다면 전 세계 초등학교나 중학교에서 속독과

포토리딩을 가르치고 있지 않을까?

나는 책의 '머리말', '맺음말', '목차', '저자 소개'를 잘 읽고 이러한 책이 틀림없다고 머릿속으로 먼저 가설을 세운다.

그 후에 책을 대충 읽고 내가 세운 가설과 맞는지 체크를 한다. 그렇게 하면 5분 정도에 책 한 권을 읽을 수 있다. 읽는 일은 절대 불가능하지만 대충 훑어보는 일은 가능하다.

그것만으로 정말 내용을 알 수 있나 하고 생각하겠지만 신기하게도 대부분의 책은 절반 이상 이렇게 해서 알 수 있다.

인간이란 그다지 의외의 내용은 쓰지 않으며, 더욱이 목차는 독자가 오해하지 않도록 하기 위해 알기 쉽게 되어 있다. 다시 말하면 실은 목차란 비밀 공개이다.

평소 책의 제목을 보고 관심이 가면 바로 본문을 훌훌 넘기면서 보는데, 사실 인간은 재미있을 것 같아서 손에 든 순간, 분명 이런 내용일 것이라고 추리력이 작동하기 시작한다. 하지만 먼저 본문을 읽기 때문에 추리력을 단련할 수 없다. 즉 미들 기어를 단련할 수 없다.

요즈음은 모르는 단어의 의미를 조사하기 위해 구글을 사용하는데 클릭을 하기 전 2초만 생각을 하면 추리력과 미들 기어를 단련할 수 있다. 클릭하기 전에 아주 잠시만 멈추면 된다.

음식을 먹기 전에 어떤 맛일까 생각하면 미각을 크게 단련할 수 있고, 읽기 전에 어떤 내용인가 한 번 추리한 후에 읽으면 머리를 단련할 수 있다.

이것이 미들 기어를 트레이닝 하는 과제의 첫 번째이다.

책 내용을 2페이지마다 1행으로 정리한다 〈7급-미들 기어를 단련한다〉

미들 기어의 두 번째는 분석이다.

여기에서는 8급에서 추리한 아직 읽지 않은 책의 내용을 분석한다. 따라서 책을 사야 하는데 아직 읽지 않은 책이기 때문에 사놓고 아직 읽지 않은 책으로도 충분하다.

그 책의 내용을 2페이지마다 1행으로 정리한다.

이 작업은 참으로 귀찮다. 단 로우 기어의 10급에서 한 것처럼 책 1권을 통째로 읽은 후에 내용을 쓰는 느긋한 사고가 아니어서 그다지 머리에 부담이 많이 가지 않는다. 회전초밥처럼 눈앞에 다가온 것을 처리하는, 단지 2페이지마다 그 내용이 무엇인지 반복해서 쓴다. 300페이지의 책이라면 150페이지 양면이니 150행을 쓰는 것이다.

예전에 나도 미야베 미유키 씨의 책으로 이 훈련을 한 적이 있다. 책이 240페이지이었으니 120행을 컴퓨터로 썼다. 120행을 쓰자 신기하게도 미야베 미유키 씨가 어떤 식으로 독자를 뒤흔들려고 하는지 그 트릭을 전부 파악할 수 있었다.

대단히 재미있고 오싹오싹했다. 이후 평생 미스터리 책을 읽는 데 도움이 됐다. 반드시 시험해 보자.

이것은 리버스 엔지니어링 같은 것이다.

예전에 가난했던 시절, 우리나라는 미국으로부터 토스터나 라디오, 자동차부터 비행기까지 다양한 물건을 하나씩 수입해서 해체했다.

해체해서 어떻게 만드는가를 분석한 것이다. 그리고 모방을 해서 비슷한 물건을 만들었다. 이 모방을 반복했기 때문에 미국보다 우수한 자동차나 비행기를 만들 수 있게 되었다.

리버스 엔지니어링이라는 것은 이와 같이 강력한 수단이다.

이것은 조형물이나 창조물이든 똑같다. 전 세계의 영화감독들은 대체로 이런 훈련을 하고 있으며 소설가 중에서도 있다. 물론 이렇게 하지 않는 천재도 있다.

8급과 7급의 내용을 비교한다
<6급-미들 기어를 단련한다>

다음은 미들 기어의 세 번째이다.

8급에서 만든 메모와 7급에서 추리한 내용을 비교해 본다. 아마 절반 정도는 맞을 것이다.

그리고 틀린 부분이 나와 작가의 차이이다. 그것을 능력차라고 해도 좋고 시점의 차이라고 해도 좋다. 그 차이가 어떤 것인가, 무엇이었는가 알 수 있을 것이다.

그리고 여기가 중요한 부분인데 왜 나는 그것을 읽어내지 못하고 틀렸는가를 문장화한다.

지금까지의 단계에서 한 번도 톱 기어는 사용하지 않았다. 일순간 결정하지 않으면 안 되는 일이나, 빨리 결정해야 하는 일, 틀리면 안 되는 일, 판단하지 않으면 안 되는 일은 하나도 들어 있지 않다. 오로지 로우 기어를 단련하고 다음에 미들 기어를 단련했다.

본래 한순간 클릭하면 알 수 있는 일, 바로 다음 페이지로 넘어가면 알 수 있는 일, 아주 잠시 멈춰 서서 생각하는 일을 반복하면 사고력은 점점 강해진다.

TV 프로그램의 감상을 400자로 정리한다×3 〈5급-미들 기어를 단련한다〉

TV 프로그램 1시간 이상×3권을 보고 각각의 내용을 400자로 정리해서 써보자.

아마 정보 버라이어티가 가장 쉽겠지만 뉴스도 괜찮고 영화나 드라마, 무엇이든 괜찮다. 그것들을 400자로 정리해야 한다.

400자란 초등학교 때 나눠주는 원고지 1장 분량이다. 20자×20행으로 400자이다. 이것은 NHK 아나운서가 1분 동안 읽을 수 있는 분량이라고 한다. 동시에 하나의 개념을 전달하는데 있어 최단 문자수라고도 한다.

전문작가라면 800자에서 1,200자만 있으면 이 세상의 무엇이든 대체로 쓸 수 있다. 물론 단어가 부족하거나 오해를 받을 수도 있지만 대략적인 설명은 가능하다.

가령 '현상론이란 무엇인가?'라거나 '오사카는 앞으로 어떻게 해야 하는가?' 등 어떤 물음에 대해서도 800자에서 1,200자 정도면 어느 정도 쓸 수 있다.

그러나 400자로는 그다지 복잡한 내용은 쓸 수가 없다. 자신이 추리한 것을 쓰기란 어렵다. 알고 있는 사실밖에 쓸 수 없다.

흔한 구성은 1시간짜리 영상을 400자로 정리할 때, 앞부분의 5분 정도에 해당하는 일을 200자로 쓰고 중간을 조금 쓰고 라스트 3분간 정도를 마지막에 다시 100자 정도로 쓰는 구성이다. 그러나 이렇게 하면 실력은 그다지 늘지 않는다.

그렇게 하지 말고 '이 강연에서 말하는 본질적인 부분은 무엇일까?', '이 이야기의 줄기는 무엇인가?'를 생각하고, 잔가지를 잘라내고 줄기를 꿰뚫어보지 않으면 1시간의 이야기는 절대 400자로 쓸 수 없다. 여기서 사용하는 것이 미들 기어이다.

9급에서 영상을 1시간 본 후 보고하는 훈련이 있었다. 문자수를 생각하지 말고 천천히 생각해서 쓸 때에 사용하는 것은 로우 기어이지만, 문자의 제한이 있으면 본인의 표현력 문제도 있으니 미들 기어가 된다.

언어화라는 것은 머릿속에서 논리를 세우는 것이기 때문에 400자라는 제한을 설정함으로써 논리력을 단련할 수 있다.

블로그나 편지, 메일, 무엇이든 짧게 쓰는 사람은 톱 기어 쪽으로 머리가 너무 많이 가 있으며, 말이 길어지는 사람은 로우 기어 쪽으로 머리를 너무 많이 사용하고 있다.

그래서 우선은 400자로 무엇이든 쓸 수 있도록 훈련한다.

5분 이상 누군가에게 일방적으로 말을 한다 〈4급-톱 기어를 단련한다〉

이제부터 톱 기어로 들어간다. 이 전투사고력은 내가 다양하게 하고 있는 강좌 중에서 최고 레벨의 난이도이기 때문에 여기서부터는 한층 어려워진다.

171페이지의 표1에서 '니코니코 생방송에서 자신이 출연하는 프로그램을 방송한다.'라고 했다. 니코니코 생방송은 인터넷상의 생방송 프로로 누구나 인터넷상에서 TV 방송처럼 방송할 수 있는 시스템이다. 얼굴을 보일 수도 있고 얼굴이 보이지 않아도 가능하다. 나는 클라우드 시티 내의 강좌에서 5급은 이 '니코니코 생방송'에서 10명 이상이 보고 있는 상태를 유지하면서 30분 이상 방송을 하라고 지도하고 있다. 이것은 상당히 허들이 높다.

따라서 책을 읽고 있는 분들에게 갑자기 니코니코 생방송에 가입해서 자신의 프로그램을 하라는 것은 무리이다.

그래서 여기에서는 과제를 바꾸겠다. '회식이나 점심시간 등에 5분 이상 누구에게도 방해받지 말고 모두에게 이야기'를 해야 한다.

이것도 나름대로 꽤 어려울 것이다. 5분간, 4~5명을 상대로 이야기를 하면 상대는 끼어들고 싶어서 몸이 근질근질하다.

이야기가 시시하면 다른 화제를 바꾸려고 하고, 이야기가 너무 재미있으면 끼어들려고 한다. 그러면 끼어들지 못하도록 해야 한다. 질리지 않도록, 끼어들지 않도록 한다.

이것이 왜 톱 기어인가 하면 미리 준비한 대답이 있기 때문이 아니라 그 자리에서 모든 것이 바뀌기 때문이다.

카페에서 신나게 이야기를 하고 있는데 '카페오레는 어느 분이세요?'라고 직원이 물으면 한순간 분위기가 깨진다. 거기에서 리커버리를 생각하지 않으면 안 된다.

예를 들어 '너는 늘 카페오레만 마시는구나.'라고 말하고서 자신이 하고 있던 이야기에 억지로 갖다 붙이지 않으면 안 된다. 그렇게 해서 그 자리를 지배하고 다시 이야기를 계속하기 위해서는 지금까지 말한 훈련들을 하지 않으면 어렵다.

또 이 단계에서 5분간 일절 끼어들지 못하도록 하는 것은 무리일지 모른다. 한 마디 할 때마다 끼어드는 사람이 있기 마련이다. 따라서 처음에는 5분간, 4~5명의 주목을 받으면서 이야기를 끝까지 마무리하는 자세로 훈련을 해야 한다.

미니츠 라이너
〈3급-톱 기어를 단련한다〉

이번에도 톱 기어 트레이닝이다. 여기에선 영상의 '미니츠 라이너(minutes liner)'라는 것을 만든다. 이 말도 내가 만든 말이다.

'미니츠'는 '분', '라이너'는 '라인', '행'을 의미한다. 영상을 1분 1행으로 정리하는 작업을 이렇게 명명했다.

소재로 제일 좋은 것은 할리우드의 잘 만든 영화이다. 최악의 선택은 안드레이 타르코프스키 감독의 영화와 같은 예술작품이다. 기타노 타케시 감독의 영화도 마찬가지이고, 마츠모토 히토시의 영화는 절대로 사용하면 안 된다. 누구나 이해할 수 있는 오락영화, 가능하면 크게 히트한 메이저 영화를 선택해야 한다. 지브리에서 만든 영화라면 대체로 괜찮다.

또 내 강연 영상도 좋고 자신이 보고 감동을 받은 다큐멘터리가 있으면 그것을 사용해도 좋다. 단, 너무 짧으면 트레이닝 효과가 없으니 가능하면 1시간 이상의 영상을 사용해야 한다.

그 내용을 1분마다 비디오를 정지시키고 1행으로 정리한다.

이 훈련이 왜 로우 기어가 아니라 톱 기어인가 하면 1분간의 영상을 머릿속에서 생각하며 글로 변환하는 일은 순간적인 언어화가 필요하기 때문이다. 영화라면 대사가 전혀 없는 부분도 있고 대사가 넘쳐나는 장면도 있다.

바다만 보이는 장면도 1행으로 정리하고 등장인물이 논쟁을 하는 장면도 1행으로 쓰지 않으면 안 된다.

그것들을 어떻게 1분 1행으로 정리할 것인가를 생각하면 머리의 처리 속도가 빨라진다.

■ 감성 단련보다 논리력이 중요하다

7급에서 내가 미야베 미유키 씨의 소설을 2페이지마다 1행으로 정리하는 일을 통해 미유키 씨의 이야기 구성법의 구조, 수법을 알게 되었다고 했는데, 해외에 있는 영화학교에서 영화나 드라마의 시나리오를 공부하는 사람은 대체로 이 '미니츠 라이너'와 같은 초보적인 훈련을 한다.

그러나 우리나라의 시나리오 학교에서는 이 기초훈련을 거의 하지 않는 듯하다. 그래서 영화를 만드는 사람이 갑자기 영화작가가 되어버린다. 감성에 의존해서 논리성이 부족해지는 것이다.

감성이란 논리의 마지막에 토핑하는 것으로 토핑만으로 아무것도 하지 못한다.

좋은 셰프란 기본적으로 과학자이다. 몇 그램을 얼마나 가열하면 어떤 맛이 나는가 하는 과학적인 사실을 경험치로 알고 있기 때문에 자신만의 조리법과 감성으로 요리를 완성할 수 있다.

건축에서 토대 위에 짓는 건축물을 예로 들자면 논리 위에 감성이 더해지면 최강이다. 약한 논리 위에 감성은 얹을 수 없다. 초보자일수록 모든 것을 감성으로 만들려고 생각하기 마련인데 그래서는 안 된다.

미니츠 라이너에서 영상을 1분 1행으로 정리하는 일은 감성만으로 보는 영화, 눈물을 흘리며 감동을 한 영화를 철저하게 논리적으로 되묻는 작업이다.

실제로 이 훈련을 해보면 소설의 경우는 물론 영화를 보는 방법이 완전히 달라진다.

나는 이 훈련을 이제까지 3번 했다.

첫 번째는 『조스』, 두 번째는 『다이하드』, 세 번째는 『스타워즈』이다. 모두 내가 좋아하는 영화로 감동을 받았고 재미있었는데, 몇십 번이나 DVD와 비디오로 보았는데 1분마다 정리해 보니 전혀 깨닫지 못했던 부분이 많이 있었다. 그리고 그 후, 나는 영화를 보는 방법이 완전히 바뀌었다.

논리적으로 본다고 해서 감성적으로 즐기지 못하는 일은 없다. 반대로 보통 사람들보다 훨씬 더 즐길 수 있게 되었다. 한 번 영화를 보면 3배 정도 다양하게 즐길 수 있게 되었기 때문에 이 미니츠 라이너를 강력하게 추천한다.

단 2시간짜리 영화의 미니츠 라이너를 만들기 위해서는 그 몇 배의 시간이 걸린다. 1분마다 영상을 멈추고 1행으로 써야 하니 시간이 3~4배 걸리는 것은 당연한 일이다.

1분 보고 3~4분 쓰고, 다시 1분 보고 쓰는 작업을 반복해야 하니 2시간 영화의 경우 그 5배인 10시간이 소요되지만, 평생 잊을 수 없는 10시간을 경험할 수 있으니 반드시 실행해 보자.

어려운 원고를 초등학생에게 전달할 수 있게 고쳐 쓴다 〈2급-시프트 체인지를 단련한다〉

다음은 시프트 체인지, 기어 변환 연습이다.

전투사고력은 최종적으로 기어 변환을 통해 어떤 상대, 어떤 상황에서도 최적의 해답을 찾아내는 힘을 익혀간다. 그를 위해 필요한 것이 시프트 체인지이다.

시프트 체인지란 기어를 바꾸는 것인데 실은 미들에서 톱으로 변환하는 것은 모두 연습을 한 적이 있다.

상대가 한 말에 대해 즉각 대답하려 하거나 취업활동 면접에서 질문을 받고 즉각 대답하려 하는 것, 이것들이 모두 기어를 톱으로 바꾸는 사고법이다.

여기에서는 반대로 기어를 내리지 않으면 안 되는 상황을 만든다.

신문 사회면의 내용, 논설 등과 같이 성인이 아니면 이해할 수 없는 기사를 초등학교 4학년 학생이 이해할 수 있도록 고쳐 쓴 후 공개한다.

이상적인 방법은 부모나 형과 누나가 무엇을 썼는지 알 수 있겠는가 하고 아이에게 물어보는 것이다.

어려운 이야기를 한층 어렵고 고도로 하는 일은 비교적 간단하다. 하지만 어려운 이야기를 아이들도 이해할 수 있도록 설명하는 일은 어렵다. 완전하게 이해하고 있지 않으면 통용되지 않는다.

신문의 논설 등을 이 방법으로 읽으면 그들이 얼마나 교묘한지 알 수 있다. 신문기자란 어떤 문제를, 어느 정도 이상의 지성을 지닌 독자가 읽게 하는 기술은 뛰어나지만 아이들도 이해할 수 있도록 간단하게 설명할 수 있을 만큼 그 문제에 대해 이해하고 있다고 장담할 수 없다.

따라서 이케가미 아키라 씨처럼 어린이 뉴스와 같은 부문을 계속 담당한 사람은 정말로 머리가 좋다. 아이들이 이해할 수 있도록 여러 가지 문제를 이야기할 수 있다면 그 사람의 지성은 진짜이다.

아이들에게 설명하는 데에는 시점을 바꾸거나 다양한 비유적인 이야기를 사용하지 않으면 전달할 수 없다. 'TPP란 무엇인가?', '자민당 정권이 앞으로도 계속 될까?'라고 하는 문제를 초등학교 4학년에게 이야기할 때, 자민당 의원의 이름을 계속 말하면 안 된다. 그 순간, 아이들은 듣지 않게 된다.

'예를 들어 너희 반에서' 또는 '과일가게에서 말이야.'처럼 초등학생도 이해할 수 있도록 과감한 시점 변경이 필요하다. 만일 듣는 아이가 과일가게가 아닌 이발소를 하는 집의 아이라면 '이발소에서 말이야.' 하고 말하거나, 아이의 어머니가 직장을 다니고 있으면 '예를 들어 네 어머니가…….' 하고 말할 수도 있다.

상대에 따라 어떻게 바꿔서 아이들도 알 수 있도록 이야기를 할 것인가가 시프트 체인지이다.

이 시프트 체인지를 할 때, 147페이지에서 설명한 커스터마이즈와 공감을 많이 사용한다. 이렇게 해서 시프트 체인지 훈련을 한다.

인터넷상의 오류를 분석해서 블로그 등에 올린다
〈1급-미들 기어를 단련한다〉

여기에서는 먼저 세상 사람들이 오해하고 있는 실례를 인터넷 뉴스나 블로그에서 찾아내야 한다.

왜 인터넷 뉴스나 블로그에서 찾아내는가 하면 인터넷은 정보의 보고가 아니라 오해의 보고이기 때문이다. 인터넷에는 수많은 착각이 소용돌이 치고 있다. 신문이나 잡지 중에서 착각하고 있는 것을 찾아내기란 상당히 어렵지만 인터넷이라면 의외로 쉽사리 찾아낼 수 있다.

가령 '야후 지혜주머니'와 같이 누군가의 질문에 대해 읽은 사람이 답을 하는 사이트가 있다. 여기서 최고의 답변 이외의 답변을 살펴보면 잘못된 것이 너무나 많다. 그것들을 발견해서 '왜 틀렸는가?', '진짜 사실은 무엇인가?', '왜 오해를 했나?'를 생각해 본다.

이때 주의해야 할 점은 '바보라서 틀렸다.', '잘 모르니 틀렸다.'가 아니라 왜 그런 오해가 발생하는 것인가를 생각하고 추리해서 써야 한다.

예를 들어 하시모토 오사카 시장의 방식에 찬성하는 사람이 있는가 하면 반대하는 사람도 있다. 여기에서는 그 정책의 찬반에 대해서는 묻지 않겠다.

찬성하는 사람이라면 '왜 하시모토 시장은 오해받는가?', '하시모토 시장은 잘못된 말을 하지 않는데 왜 오해받는가?'에 대해서 생각한다.

'그건 그가 바보기 때문이다.' 또는 '이런 음모가 있기 때문.', '아사히 신문이 이렇게 썼기 때문이다.'라는 식으로 쓰면 안 된다.

누군가를 나쁜 사람으로 만든 순간, 사람의 머리는 둔해져버리기 때문이다.

따라서 자신의 머릿속으로 생각할 때는 모두 머리가 좋다고 가정한다. 잘못한 사람에 대해서도 사실은 모두 머리가 좋다고 가정한다. 모두가 머리가 좋고 하시모토 시장도 아사히 신문도 머리 좋은데 왜 이런 대립이 발생하는가? 하는 점을 생각하면 기어를 아주 잘 단련할 수 있다.

모두의 머리가 좋은데 왜 서로 이해하지 못할까 하고 생각한 순간, 하나를 이해하면 또 다른 하나를 이해할 수 없게 되고, 이쪽이 이해하게 되면 저쪽이 이해하지 못하게 되는, 그런 복잡한 점에 대해 생각하게 돼서 머릿속에서 다루는 분량이 순식간에 늘어난다.

이 트레이닝은 머리에 부하가 아주 많이 걸리기 때문에 15분 실행하면 1회 단것을 먹는 방식으로 시도하길 바란다.

그리고 마지막 정리를 할 때 '왜 오해가 생기는가 하는 이유'와

'오해한 사람에게 죄나 책임은 없다.'라고 하는 어필을 함께 글로 써본다. 또 그것을 블로그에 올리거나 다른 사람에게 이야기해야 한다.

이 전투사고력 트레이닝이 창피한 것은 당연한 일이다. 수업 중에 틀린 말이나 터무니없는 말을 해서 사람들에게 웃음을 사는 일도 수업의 일환으로 생각해야 한다.

따라서 블로그 등의 모르는 사람들에게 공개하길 바란다. 자신의 생각을 쓰거나 400자로 정리를 한다면 블로그도 좋고, 트위터에 나눠서 써도 좋으니 공개하기를 권한다.

그때, 누군가로부터 '바보 같은 소리 하고 있다!'며 비웃어도 그러려니 하고 되도록 신경을 써서는 안 된다.

■ 어느 정도 맞을 각오를 한다

실명 대신 필명으로 블로그나 인터넷에 올리면 네티즌들이 그 글을 어떤 식으로 받아들이는지 바라보는 흥분감이 있다. 이 흥분감이 전투사고력의 베이스인 배짱이나 맷집을 만들어준다.

주의해야 할 점은 맷집만으로는 강해질 수 없다. 전투사고력으로 말하면 공격력만 향상시켜도 적절한 방어력이 없으면 의미가 없다.

적당한 방어력을 익히기 위해서는 마음이 꺾이지 않을 정도의 비난이 반드시 필요하다.

'인터넷에 이름을 드러내기 싫다.'라는 생각은 한 대도 맞은 적이 없는 사람이 싸움을 극구 싫어하는 것과 똑같다. 강해지고 싶으면 어느 정도 맞을 각오를 해야만 한다.

이상이 전투사고력 단위의 전반이다. 유단자가 되기 전의 10급에서 1급까지를 개략적으로 설명했다.

전투사고력의 기초는 언어화·문장화로 키운다

여기까지의 트레이닝은 글로 쓰는 것이 중심이었다.

왜 대화의 트레이닝을 하지 않는가 하면 갑자기 말을 하는 것은 위험하기 때문이다.

무도로 말하자면 기초 훈련이나 런닝 등을 해서 심폐능력을 올리지 않으면 아무리 기술을 단련해도 시합 중에 체력이 떨어져서 지고 만다. 아무리 펀치가 강해도 프로복서가 3분간 전력으로 싸우는 데에는 많은 체력이 필요하다.

이와 마찬가지로 문장을 통해 논리성이 갖춰져 있지 않으면 대화를 나눈다고 해도 머리가 지쳐서 지고 만다. 『천재로 만들어주는 스마트 노트』 속에서도 언급했지만 언어화와 문장화는 논리성의 기초 체력을 갖추기 위한 트레이닝이다.

글을 쓰는 능력을 단련하면 장시간 대화를 주고받아도 스태미나가 생기기 때문에, 나는 처음 단계에서는 철저하게 문장화를 권한다.

입으로 대화를 나누는 훈련만 하면 아무래도 상대에게 이기려는 쪽으로 의식이 향하기 마련이다. 하지만 문장으로 쓰면 자기 자신이 쓴 내용을 의심하게 된다.

이것을 '객체화'라고 한다. 자신이 하고 있는 이야기가 스스로도 이상하게 여겨질 때가 있는데, 자신이 쓴 글은 1~2초나 혹은 하룻밤이 지나면 타인이 쓴 글처럼 냉정하게 바라볼 수 있다. 심야의 러브레터 현상이다.

이 객체화가 지성(知性)의 특징인데, 처음에는 글로 쓰면서 훈련하는 편이 좋다. 글을 쓰고 있으면 점점 말하는 능력도 좋아진다.

전투사고력 단련을 지속하는 요령

지금까지 전투사고력을 단련하는 방법을 설명했는데 '그렇게까지 해야 하나?' 하고 생각할 것이다. 이것을 지속하는 동기부여를 유지하기란 아주 힘든 일이다.

세상에는 살을 빼는 방법이나 다이어트 방법은 차고 넘치지만 레코딩 다이어트는 체중이라는 수치에만 주목을 한다. 체지방률이나 근육량은 일절 고려하지 않고 체중만 고려한다. 다른 것도 보는 편이 좋다는 사실은 알지만 그런 것에 신경을 쓰기란 성가시기 때문이다.

그 다음으로 먹은 시간, 무엇을 얼마나 먹었는지 칼로리 수치만 쓴다. 철저하게 수치에만 주목하는 것이 레코딩 다이어트의 특징이다.

스마트 노트라면 노트에 하루에 2페이지(양쪽 면)를 쓰라고 설명했다. 쓰기만 한다면 내용은 아무래도 상관없다. 그것도 처음에는 5줄 쓰기부터 시작한다. 그런 식으로 철저하게 수치화하기 때문에 스마트 노트는 입문 편으로 대단히 도움이 되는데, 전투사고력은 스마트 노트의 한층 상급을 지향하는 사고방식이기 때문에 단순히 수치만으로는 불가능하다.

전투사고력도 특정한 수치에 주목할 수 있으면 좋겠지만 사고력은 수치화하기 어렵다.

단지 '어떻게 지속하는가.' 하는 시점에만 주목하면 '자신이 하고 있는 이야기가 도움이 되는지, 상대가 받아들이고 있는지.'를 계속 의식하는 것이 요령이다.

전투사고력을 유니버설 토크에 적용하면 상대가 이기게 하지 않으면 안 되기 때문에 '내가 생각한 건데 마치 자기가 생각해낸 것처럼 으스댄다.'라는 억울한 마음이 들 때가 있다. 그렇지만 '뭐, 그래도 도움이 됐으니 괜찮아.'라는 식으로 도움이 된 부분에 주목하는 마음이 중요하다.

반대로 항상 이겨야 한다거나 자신만을 위해 사용하려고 하면 점점 지속하기 힘들어진다.

주위 사람을 웃길 수 있고 그들에게 도움이 됐다는 실감을 중시한다면 지금까지 헛수고했다는 무력감은 사라질 것이다.

전투사고력 양성 강좌에서 하고 있는 것

내가 대표를 맡았던 FREEex의 '전투사고력 양성 강좌'에서 실제로 실시하던 게임을 소개하겠다.

일반사람도 참가를 해서 모두 녹초가 돼서 돌아가곤 했는데 한 번 참가하면 습관이 된 듯 다시 찾는 분들도 꽤 많았다.

◎ 초급편 1 : 유명인 vs 유명인의 가공 대결에서 승리해야 한다

(참가 인원)

4명

(준비물)

2종류 카드: '이름 카드'와 '대결 카드'를 준비한다

이름 카드: '아베 신조', '루팡 3세', '빌 게이츠', '도요토미 히데요시' 등의 유명인과 유명한 캐릭터, 역사상 인물 등의 이름이 적힌 카드

대결 카드 : '접시돌리기', '끝말잇기', '장기', '테니스', '많이 먹기' 등 승패가 나는 대결 항목이 적힌 카드

(게임 방법)

① 4명 중 대결하는 2명을 뽑은 후 선공과 후공을 결정한다. 나머지 2명은 판정

② 선공이 뒤집어져 있는 대결 카드에서 1장, 선공후공 각각이 뒤집어져 있는 이름 카드 중에서 1장씩 선택

③ 이름 카드에서 뽑은 유명인 2명이 대결 카드의 경기를 하면 어느 쪽이 이길까? 그 이유는? 제한시간 1분 이내에 각자 자신이 뽑은 이름 카드의 인물이 이기는 이유를 설명하고, 판정하는 사람이 유리하다고 생각한 쪽이 승자가 된다

('접시돌리기', '루팡 3세', '빌 게이츠'라는 카드가 나왔을 때의 해답 예)

루팡 3세와 빌 게이츠가 접시돌리기 경기를 할 경우, 게이츠가 승리. 왜냐하면 루팡 3세는 기껏 권총을 돌리는 일밖에 할 수 없지만 빌 게

이츠는 한가할 때나 생각을 할 때에 CD-ROM을 돌린 경험이 많이 있기 때문.

◎ 초급편 2 : 이유를 몰라도 억지 이유를 3가지 대기

(참가 인원)

4명

(준비물)

'이유 카드'를 준비

이유 카드: '라면에 어육을 얹는 이유 세 가지를 말하시오.', '공기가 투명한 이유 세 가지를 말하시오.', '노인에게 친절한 편이 좋은 이유 세 가지를 말하시오.' 등 어떤 일에 대해 이유를 세 가지 말하라고 적힌 카드

(게임 방법)

① 4명 중 대결하는 2명을 선택한 후 선공과 후공을 정한다. 남은 2명은 판정

② 선공과 후공 순서로 뒤집어진 이유 카드 중에서 한 장을 뽑아서 나

온 과제에 대해 제한시간 1분 이내에 설명하고 더 설득력이 있는 쪽이 승리

초급편 ①과 ② 모두 속도도 중요하지만 판정하는 사람이 크게 동감할 수 있는 '설득력'과 '재미'도 필요. 속도는 톱 기어, 납득시키는 힘은 미들 기어, 재미는 로우 기어. 이것들을 지금까지 어느 정도 단련해왔는지를 알 수 있는 게임이다.

상급자는 재미를 추구해야 한다.

◎ 중급편 : 읽지 않은 책을 읽었다고 가정하고 이야기하자.

(참가 인원)

3명 이상

(준비물)

각자 가지고 온 책

(게임 방법)

① 각자 가지고 온 책을 책상 위에 놓는다

② 차례를 정한 후 첫 번째 사람이 눈을 감고 책 한 권을 집는다. 읽은 적이 있는 책일 경우에는 다시 집는다

③ 2분 동안 책 내용을 훑어본다

④ 그 책을 숙지하고 있는 것처럼 책에 대해 설명을 한다

⑤ 발표자 이외의 사람이 그 책의 설명에 납득했는지를 5점 만점으로 채점하고, 발표가 모두 끝나면 집계해서 우승자를 정한다

주로 추리력과 분석력을 향상시키는 레슨이다.

읽은 적이 없는 책이라도 제목, 표지, 카피 문구, 목차 등을 보면 꽤 많은 사실을 알 수 있다.

그런 요소를 통해 내용을 상상하고 3분간 책의 내용에 대해 이야기를 한다. 상당히 괴로운 도전이지만 그만큼 뇌의 활동이 대단히 활발해진다.

끝까지 읽어줘서 대단히 고맙다.

어떠했는가?

여러 감상이 있겠지만 아마도 '말하는 법에 대해 이런 관점에서 다룬 책은 처음이다.'라는 감상이 가장 많지 않을까 한다.

'머리말'에서는 '다른 화술 책은 본서의 부교재가 될 것이다!'라며 사뭇 대단한 책인 듯이 말을 했다.

이 자리에서 변명을 하자면 내 본의는 책의 내용을 이해함으로써 다른 화술 책의 테크닉을 한층 자유자재로 조종할 수 있게 된다는 뜻이었다.

시간, 장소, 상대 등이 바뀌어도 관계성이나 분위기를 논리적으로 부감하는 힘, 그리고 상황이나 장면에 따라 말을 생성해내는 출력 · 입력의 조정이 가능해진다. 그러면 마침내 다양한 화술 책의 테크닉이 몇 배나 빛을 발하게 된다.

앞으로도 각 분야의 전문가가 쓴 화술 책을 '부교재로써' 읽기를 바란다.

단 다음의 두 가지는 기억해주어야 한다.

하나는 앞으로 당의 인생에서 직면하게 될 수많은 곤란한 상황에서 되도록 도망치지 말 것, 또 하나는 5장에서 소개한 바와 같이 '머리에 부하를 가하는 수업'을 의식적으로 지속하는 것이다.

전자는 독서로는 얻을 수 없는 경험치를 체득할 수 있다. 곤란한 상황일수록 성장할 수 있다. 부끄러움이나 비난을 기회로 생각하고 정면에서 맞서는 용기를 가져야 한다.

후자에 대해서는 바로 앞에서 읽은 내용이니 그 이유는 잘 알리라 생각한다. 토대가 되는 논리력 없이는 '유니버설 토크'나 '전투사고력'은 활용할 수 없다.

어중간한 지식이나 잔재주, 애매한 감성에 의지해서는 머지않아 한계를 실감하게 될 것이다.

■ 본서와 당신의 '공감→재구축' 프로세스

본서는 유니버설 토크와 전투사고력, 각각의 방법 구조 2회분의 내용을 베이스로 해서 관계자의 도움을 받아 한 권의 책으로 정리했다.

나는 유니버설 토크는 말하는 법의 이론, 전투사고력은 사고를 컨트롤하기 위한 실천 스킬이라고 명확하게 구분하고 있었기 때문에 이 두 개의 방법을 융합하려는 생각은 하지 못했다.

그런데 뜻밖에 출판사로부터 화술 책을 써달라는 의뢰가 와서 유니버설 토크의 자료를 다시 읽으면서 실천에 좀 더 적용할 수 없을까 고민을 하게 되었다.

그래서 전투사고력과의 융합을 시험해 보았는데 의외로 이 두 개의 방법에는 오버랩 되는 점이 많았고, 또 서로 보완관계라는 사실을 깨달았다.

이것은 내게 새로운 발견이었다.

완전히 다르다고 생각했던 두 개의 방법이 융합해서 재구축되었던 것이다.

당신도 이 두 개의 방법을 이해하였다면 '공감→재구축'의 프로세스를 거쳐 반드시 자신의 경험과 융합시켜 보아라. 그것을 납득했을 때, 당신의 말하는 법은 극적으로 변할 것임을 약속한다.

■ 다음은 '머리의 강함'을 함께 탐구하자!

책에서는 '머리가 좋은 사람이 말하는 법'을 해설하고 매뉴얼로 만들어 보았다.

'머리가 좋은 말하는 법'은

① 머리 회전이 빠르다

② 머리 운전을 잘한다

③ 말을 잘한다

이 세 요소로 성립되어 있다.

그러나 최근 나는 '머리가 좋다.'는 것과 마찬가지로 '머리가 강하다.'는 것도 필요하지 않을까 생각하기 시작했다.

'머리가 강하다.'는 것은

① 응용력이 있다

② 실망하거나 실패해도 빨리 회복한다

③ 계속 생각하는 '의문 유지력'이 있다

이 세 요소가 필요하다.

아마도 내 다음 책은 이 '머리를 강하게 하는' 방법에 대한 것이 아닐까 싶다. 많이 기대해주기 바란다.

머리 회전이 빠른 사람의
대화법

1판 1쇄 발행 ‖ 2016년 9월 10일

저　자 ‖ 오카다 도시오
옮긴이 ‖ 강성욱
펴낸이 ‖ 김종호
펴낸곳 ‖ 밀라그로
주　소 ‖ 경기도 고양시 일산서구 현중로 5, 1501동 1006호
전　화 ‖ 031) 907－9702　FAX ‖ 031) 907－9703
E-mail ‖ milagrobook@naver.com
등　록 ‖ 2016년 1월 20일(제410-2016-000019호)

ISBN ‖ 979-11-957488-6-0 (03320)

책값은 뒤표지에 있습니다.
잘못 만들어진 책은 구입하신 곳에서 바꾸어 드립니다.